Kleines Wörterbuch der Philosophie der Aufklärung

Kleines

WÖRTERBUCH DER PHILOSOPHIE

der Aufklärung

Nach der Ausgabe
von
Heinrich Schmidt
neu herausgegeben
und respektvoll überarbeitet
von
Fritz van Eycken

HAFFMANS VERLAG
BEI ZWEITAUSENDEINS

Die Erstausgabe erschien 1912
im Alfred Kröner Verlag, Leipzig.

1. Auflage, Frühling 2013

Umschlagbild von Eugène Delacroix:
»Die Freiheit führt das Volk«, Ausschnitt.
Gestaltung, Satz & Produktion von Urs Jakob,
Werkstatt im Grünen Winkel, CH-8400 Winterthur.
Druck & Bindung: Ebner & Spiegel in Ulm.
Printed in Germany.

ISBN 978-3-86150-612-6

Kleines

WÖRTERBUCH

DER

PHILOSOPHIE

der Aufklärung

A.

A = A, die Formel für den Satz der Identität (s. d.).

Aberglaube (Afterglaube, Superstition), »jeder Glaube, der nicht geglaubt werden kann, weil sein Gegenteil gewiß ist, oder weil seine Annahme den Gesetzen, die für den Zusammenhang unseres Wissens gelten, widerstreiten würde« (Wundt); nach Kant das größte aller Vorurteile, welches darin besteht, daß »die Natur Regeln, welche der Verstand ihr durch ihr eigenes wesentliches Gesetz zum Grunde legt, als nicht unterworfen vorgestellt wird« (Kr. d. U.). Tritt meist in der Form des *religiösen* A. auf. Als A. läßt sich wortspielend die »Denkgläubigkeit« (s. d.) der modernen liberalen Christen bezeichnen, die hinter jede wissenschaftliche Erkenntnis ihr religiöses »Aber« setzen.

Abhängigkeit, ein Verhältnis zweier oder mehrerer Dinge, Geschehnisse, Begriffe, in welchem das eine durch das andere in seinem Sein bedingt oder in der Art seines Seins bestimmt ist. Die A. ist eine reale, wenn sie sich auf Dinge und Geschehnisse, eine logische, wenn sie sich auf Begriffe und Urteile bezieht. Vgl. auch Funktion.

Abneigung ist nach Spinoza »Unlust, verbunden mit der Idee eines Dinges, welches zufällig Ursache der Unlust ist«.

absolut, eigentlich »losgelöst«: A. ist, was in und durch sich selbst ist, keine Beziehung zu einem andern hat, und ohne jede Einschränkung, unbedingt, ist oder gilt. Gegensatz: bedingt, abhängig, relativ. — »Versteht man unter dem so viel gebrauchten Ausdruck *Absolutum* das, was nie entstanden sein, noch jemals vergehen kann, woraus hingegen alles, was existiert, besteht und geworden ist, so hat man dasselbe nicht in imaginären Räumen zu suchen, sondern es ist ganz klar, daß jenen Anforderungen die *Materie* gänzlich entspricht«. Sie ist »das, was durch sich ist und durch sich selbst begriffen wird«(Schopenhauer).

abstrakt (eigentlich »abgezogen«), nicht-anschaulich, heißt ein Bewußtseinsinhalt, dem die Anschaulichkeit, der individuelle Charakter abgeht. A. sind daher eigentlich alle Begriffe mit Ausnahme der Individualbegriffe (Eigennamen), da sie von dem Individuellen, dem Besonderen, absehen und nur das Generelle, Allgemeine, fixieren. »Abstrakt sind diejenigen Begriffe, denen eine adäquate stellvertretende Vorstellung nicht entspricht, und für die daher in unserem Denken nur noch ein äußerliches und scheinbar willkürliches Zeichen (das gesprochene oder geschriebene Wort) gewählt wird« (Wundt, Logik). — Gegensatz: konkret.

Abstraktion, das bewußte oder unbewußte Außerachtlassen von Merkmalen oder Teilen eines Gegenstandes, von Komponenten eines Geschehens, zugunsten anderer Merkmale, Teile oder Komponenten, die dadurch um so deutlicher hervortreten resp. hervortreten sollen; anders ausgedrückt: das Heraustreten oder die Heraushebung unselbständiger Bewußtseinselemente in der Anschauung, der Vorstellung, oder durch das Wort. »Die A. ist ein Abwerfen unnützen Gepäckes, zum Behuf leichterer Handhabung der zu vergleichenden und darum hin und her zu werfenden Erkenntnisse. Man läßt nämlich dabei das viele Unwesentliche, daher nur Verwirrende, der realen Dinge weg und operiert mit wenigen, aber wesentlichen, in abstracto gedachten Bestimmungen« (Schopenhauer). Die Tätigkeit der A. heißt abstrahieren, der Gegensatz ist Determination.

abstrus, dunkel, unverständlich, verworren.

absurd, ungereimt, sinnlos, widersinnig, widerspruchsvoll. Ad absurdum führen: durch Aufdeckung der Ungereimtheiten »widerlegen«.

Abulie, Willenlosigkeit, die Unfähigkeit der Entschließung oder der Ausführung eines Entschlusses; »ein häufiges Symptom geistiger Erkrankung, die sich stets entweder auf hochgradige Verlangsamung der Ideenassoziation oder abnorme negative Gefühlstöne oder ähnliches zurückführen läßt« (Ziehen).

Accidens, das nicht Wesentliche, Wechselnde, »Zufällige«. Accidenzen sind »die Bestimmungen einer Substanz, die nichts anderes sind als besondere Arten derselben zu existieren« (Kant). Die Farbe in der Vorstellung »Rose« ist ein A.

accidentiell, nicht wesentlich, zufällig. Gegensatz: essentiell, wesentlich.

Achilleus, ein berühmter Trugschluß des Eleaten Zenon, der beweisen sollte, daß alle Bewegung nur scheinbar sei. Achill, der schnellste Mensch, könne eine Schildkröte, das langsamste Tier, nie einholen, wenn diese auch nur einen geringen Vorsprung vor ihm hätte; denn während A. die Hälfte des anfänglichen Zwischenraumes einhole, gewinne die Schildkröte wieder einen neuen Vorsprung und so immer fort.

Achtung, das Gefühl und die Anerkennung eines Wertes (einer Persönlichkeit, einer Anschauung, Sitte, eines Gesetzes). Das Gefühl der A. ist nur möglich unter Ebenbürtigen, bei gleicher Höhe der Gesinnung. Die negative Verringerung der A. führt in die Verachtung, die positive Steigerung zur Ehrfurcht.

Actio, Aktion, Tätigkeit, Wirkung. A. in distans, Wirkung in die Ferne. Gegensatz: Passion (Leiden) oder Reaktion (Gegenwirkung).

adäquat, angemessen, entsprechend, vollkommen genau. Eine Vorstellung ist a., wenn sie ihrem Gegenstande völlig entspricht; ein Begriff, wenn er das Wesen desselben ausdrückt; eine Erkenntnis, wenn sie der Beschaffenheit des »Erkannten« genau entspricht. Unter adäquater Idee versteht Spinoza eine Idee, welche, sofern sie an sich und ohne Beziehung zum Objekt betrachtet wird, alle Eigenschaften oder innerlichen Merkmale einer wahren Idee hat; unter einer adäquaten Ursache eine Ursache, deren Wirkung klar und bestimmt durch diese Ursache erkannt werden kann.

ad hominem, s. Argument.

Adiaphora, Gleichgültiges, Nebensächliches; nach der Lehre der Stoiker alles, was nicht gut oder böse ist; das einzige Gut war ihnen die Tugend, das einzige Übel das Laster, alles andere, Leben, Gesundheit, Reichtum usw., waren ihnen A. Nach Epikur gibt es keine A.

ad oculos demonstrieren, etwas so anschaulich darlegen, daß es gleichsam vor Augen liegt.

Affekt, eine mehr oder weniger heftige Gemütserregung, die mit ebensolchen physischen Erregungen verbunden ist und jeden anderen Bewußtseinsinhalt und ebenso die körperlichen Zustände beeinflußt oder verdrängt. Nach Spinozas Definition sind Affekte »Erregungen des Körpers, durch welche das Tätigkeitsvermögen des Körpers vergrößert oder verringert, gefördert oder gehemmt wird, und zugleich auch die Bewußtseinsformen dieser Erregungen«. Nach Kant ist ein A. »diejenige Bewegung des Gemüts, welche es unvermögend macht, freie Überlegung der Grundsätze anzustellen, um sich danach zu bestimmen«. Als die drei Hauptaffekte, aus denen alle übrigen, Liebe, Haß, Zorn, Hoffnung, Furcht usw. abgeleitet werden können, zählt Spinoza auf: Begierde, Lust und Unlust. (Vgl. Spinoza, Ethik, III. Teil: Über den Ursprung und die Natur der Affekte.) — Bei sthenischen Affekten äußert sich die Steigerung der Erregung in verlangsamten und verstärkten Pulsschlägen, zunehmender Innervation der mimischen und pantomimischen Muskeln; bei asthenischer A. ist die Herzinnervation mehr oder minder gelähmt: starke Puls- und Atembeschleunigung, schwacher Tonus der äußeren Muskeln bis zu lähmungsartiger Erschlaffung. — Zwischen Affekten und Gefühlen ist eine scharfe Grenze nicht zu ziehen.

Affektion, Zustandsänderung, Erregung; in der Medizin: krankhafte Veränderung. — A. bedeutet auch Zuneigung, Gewogenheit, wie z. B. in Briefen älteren Stils: »Ihr wohlaffektionierter N. N.«

afficieren, erregen, eine Zustandsänderung herbeiführen.

Affinität, Verwandtschaft. Das Gesetz der A. aller Begriffe (Prinzip der Kontinuität der Formen) gebietet einen kontinuierlichen Übergang von einer jeden Art zu jeder anderen durch stufenartiges Wachstum der Verschiedenheit (Kant). S. auch Wahlverwandtschaft.

affirmativ, bejahend. Affirmation: Bejahung, Behauptung.

Agens, wirkende Ursache oder Kraft.

Agnosie, das bewußte Nichtwissen. Sokrates: »Ich weiß, daß ich nichts weiß« — eine Selbsterkenntnis, die manchem zu wünschen wäre, der auf sein »Wissen« stolz ist.

Agnostizismus, eine philosophische Ansicht, welche (mit Recht) ein Wissen um Metaphysisches für unmöglich hält. Huxley definiert: »Der A. ist in Wirklichkeit kein Glaubensbekenntnis, sondern eine Methode, deren Kern in der strengen Anwendung eines einzigen Grundsatzes liegt. Positiv läßt sich dieser Grundsatz so ausdrücken: in Verstandesdingen folge deiner Vernunft, soweit sie dich eben trägt, ohne einer anderen Erwägung dein Ohr zu leihen. Und negativ: in Verstandesdingen gib Folgerungen, die weder nachgewiesen noch nachweisbar sind, nicht für sicher aus.« (Vgl. auch Positivismus.)

Ähnlichkeit, teilweise Gleichheit bei dennoch teilweiser Verschiedenheit.

Ahnung, das dunkle, nicht in bestimmte Begriffe faßbare Gefühl von etwas Seiendem oder auch Zukünftigem.

Ahriman, der böse Geist (Teufel) in der von Zoroaster gestifteten Religion des alten Iran.

Akademie, die Schule Platons, benannt nach dem Hain des Akademos in Athen, in dem jener seine Schüler versammelte. Man unterscheidet fünf »Akademien« des Altertums: die ältere (Platon-Speusippos, Xenokrates, Krates, Polemon, Krantor), die sich noch an die Lehren des Meisters hielt; die mittlere (Arkesilaos) und jüngere (Karneades), beide dem Skeptizismus huldigend; die vierte (Philon von Larissa), die wieder zum Dogmatismus zurückkehrte, und die fünfte (Antiochos aus Askalon), welche platonische, peripatetische und stoische Elemente eklektisch verband.

Akosmismus, extremer Pantheismus, der das Dasein der Welt überhaupt leugnet und alle Wirklichkeit als Gott faßt; oder auch der extreme sog. Idealismus, der die Realität der Außenwelt leugnet.

Akribie, Genauigkeit, Sorgfalt in der wissenschaftlichen Forschung.

akroamatisch heißen diejenigen Abhandlungen des Aristoteles, die aus mündlichen Vorträgen hervorgegangen sind. Ein akroamatischer Vortrag ist im Gegensatz zu einem populären ein rein wissenschaftlicher Vortrag. Akroamatisch heißt diejenige Lehrform, bei welcher der Schüler nur hört, im Gegensatz zur erotematischen, sokratischen und katechetischen, bei welcher er auch gefragt wird.

Akt, die einzelne Tätigkeit oder Handlung.

aktiv, tätig, wirksam. Aktivität: tätiges Verhalten, Tätigkeit, Wirksamkeit (Gegensatz: Passivität).

Aktualismus. Das Prinzip des A. oder die ontologische Methode besteht darin, daß wir die Erscheinungen der Gegenwart genau studieren und benutzen, um dadurch die ähnlichen geschichtlichen Vorgänge der Vergangenheit zu erklären. Gilt für die Naturgeschichte wie für die Kulturgeschichte.

Aktualität, das Wirklich-sein, in Wirkung sein, das Wirkliche. Gegensatz: Potenzialität, das Mögliche. »Soviel A., soviel Realität« (Wundt).

Aktualitätstheorie, die Lehre vom ewigen Werden (Heraklit); psychologisch die Lehre, daß die »Seele«

ein Geschehen, ein Prozeß sei, daß sie in den psychischen Vorgängen selbst bestehe, nicht eine Substanz sei, daß sie nichts anderes sei als ein Wort für die zusammenhängende Folge psychischer Vorgänge. (Gegensatz: Substanzialitätstheorie.)

aktuell, wirklich, wirksam (auch: für die Gegenwart bedeutsam); aktuelle Energie: siehe Energie.

Alexandrinische Philosophie, in dem letzten vorchristlichen und im ersten christlichen Jahrhundert in Alexandria entstandene Philosophie, die eine Mischung griechischer Philosophie mit orientalischer Mystik bildet. Der bedeutendste Alexandriner ist der Jude Philon.

Algorithmus (logischer), die symbolische Darstellung der logischen Operationen durch ein besonderes Zeichensystem und Rechnungsverfahren.

All (griechisch pan), das Weltganze, Universum, alles, was ist, das All - Eine (hen kai pan).

Allbeseelung, s. Panpsychismus.

allgemein (universal oder generell), was einer Gattung von Objekten gleicherweise zukommt.

Allseele, s. Panpsychismus.

alogisch, unlogisch, unvernünftig.

Alteration, Gemütserregung.

Alternative, die entscheidende Wahl zwischen einem Entweder — Oder.

Altruismus (von lat. alter, der andere), Nächstenliebe, als Gegensatz zu Egoismus (s. d.) gebraucht. H. Cornelius (Einleitung) hat für beide die obere Instanz richtig bezeichnet mit den Worten: »Nur die Rücksicht auf das dauernd Wertvolle, nicht aber die Rücksicht auf die einzelnen Gefühlserlebnisse darf für unser Handeln ausschlaggebend sein.« Haeckel lehrt eine Äquivalenz des Egoismus und Altruismus: das höchste Ziel aller vernünftigen Sittenlehre sei die Herstellung des naturgemäßen Gleichgewichts zwischen Eigenliebe und Nächstenliebe. Comte betrachtet A. und Egoismus als gleich ursprüngliche Triebe der menschlichen Natur. Spencer behauptet eine allmähliche Entwickelung des A. aus dem Egoismus und weist zur Begründung seiner These darauf hin, daß auf niederen Kulturstufen wie beim Kinde noch heute die egoistischen Motive die überwiegenden sind (gemäß dem Biogenetischen Grundgesetz).

Ambiguität, Zweideutigkeit.

Amnesie, Gedächtnisschwäche, Mangel des Erinnerungsvermögens.

Amnestik, die Kunst des Vergessens im Gegensatz zur Mnemonik, Gedächtniskunst; sie lehrt die Gedanken von dem zu vergessenden Gegenstand auf einen andern richten.

Amphibolie, Zweideutigkeit, Verwechselung der Begriffe; amphibolisch, zweideutig, doppelsinnig. — A. der Reflexionsbegriffe: Verwechselung des empirischen Verstandes-Gebrauchs mit dem transzendentalen durch Verwechselung des sinnlichen Gegenstandes (der Erscheinung) mit seinem reinen Begriff (Kant).

Amusie, Mangel an Kunstsinn oder überhaupt an Bildung; amusisch, ungebildet.

analog, sich gleich verhaltend, entsprechend, ähnlich.

Analogie, Ähnlichkeit, Übereinstimmung in bestimmten formalen Verhältnissen. Die A. kann immer nur verdeutlichen, nicht beweisen.

Analogien der Erfahrung sind Regeln, »nach welchen aus Wahrnehmungen Einheit der Erfahrung entspringen soll« (Kant). Es sind ihrer drei: Beharrlichkeit der Substanz, Folge und Zugleichsein (Gemeinschaft oder Wechselwirkung).

Analogieschluß, Schluß per analogiam, ein Schluß, der aus der Übereinstimmung oder Ähnlichkeit zweier Gegenstände in einigen Punkten auf die Gleichheit oder Ähnlichkeit in anderen resp. in allen Punkten schließt.

Analyse (Analysis), Auflösung: die Zerlegung eines Ganzen in seine Teile, eines Geschehens in seine Komponenten, eines Bewußtseinsinhaltes in seine Elemente, eines Begriffes in seine Merkmale. Gegensatz: Synthese.

Analytik, die Kunst der Analyse; bei Aristoteles die Kunst des Gedankenzerlegens, der Begriffszergliederung. Transzendentale A. nennt Kant die Zergliederung unserer gesamten Erkenntnis a priori in die Elemente der reinen Verstandeserkenntnis; sie zerfällt in die Analytik der Begriffe, d. i. die Zergliederung des Verstandesvermögens selbst, um die Möglichkeit der Begriffe a priori dadurch zu erforschen, und in die A.

der Grundsätze, d. i. der Kanon für die Urteilskraft, um die Verstandesbegriffe auf die Erscheinungen anzuwenden.

analytisch, zergliedernd, durch Analyse, auf Analyse beruhend. Ein analytisches Urteil ist ein U. dessen Prädikat bereits im Subjekt enthalten ist, z. B. alle Körper sind ausgedehnt. Die analytische Methode besteht im Zurückführen des Gegebenen auf ein zugestandenes Prinzip die synthetische in dem Ableiten aus einem solchen. Die a. M. geht von den Tatsachen, dem Besonderen, zu den Lehrsätzen, dem Allgemeinen, oder von den Folgen zu den Gründen, die andere umgekehrt.

Anamnese, Erinnerung. In der Platonischen Philosophie die Erinnerung, das Wiedererkennen der Dinge, die die Seele im Zustand ihrer Präexistenz unmittelbar angeschaut hat (als Idee). Im medizinischen Sprachgebrauch die Vorgeschichte einer Krankheit.

Ananke, die Notwendigkeit; Personifikation der Schicksalsgöttin Adrasteia.

Anarchie, Herrschaftslosigkeit, absolute Herrschaft der Willkür, des unbestimmten Zufalls. Der Anarchismus ist eine Theorie des Gesellschaftslebens, welche den Willen der Einzelpersönlichkeit zur alleinigen Norm des Handelns erhebt. Eine Kulturgesellschaft gemäß dieser Theorie wäre nur möglich, wenn der Wille der Einzelpersönlichkeit gemäß der vollkommenen Einsicht in die Kulturbedingungen wirksam wäre.

Anästhesie, Unempfindlichkeit, der Zustand, in dem die Erregbarkeit für Sinnesreize, namentlich der Tastempfindungen, aufgehoben ist.

angeboren, von Geburt an auftretend, nicht erst erworben; als unentwickelte Fähigkeit schon im Keimplasma (Ei- u. Samenzelle) enthalten.

animalisch, tierisch, den Tieren eigentümlich; unter animalischen Funktionen versteht man die Empfindung und Bewegung im Gegensatz zu den sog. vegetativen, der Ernährung und dem Wachstum.

Animismus, der Glaube an Geisterkräfte in den Wirkungen der Natur. Auch diejenige metaphysische Anschauung, welche die Seele als das Prinzip des Lebens auffaßt.

Anlage, eine unentwickelte Disposition, schlummernde Fähigkeit, die durch Ausbildung und Übung entwickelt und zur Fertigkeit gebildet werden kann.

Anmut, die Schönheit der Bewegung. Nach Schiller »die Schönheit der Gestalt unter dem Einfluß der Freiheit«.

Annahme, ein nicht auf einen Beweis gegründeter, vorläufig für richtig gehaltener Satz.

Anoia, Unverstand, Sinnlosigkeit.

Anomalie, Abweichung von der Norm, der Regel, daher anomal soviel wie abnorm, unregelmäßig.

Anschauung (Intuition), die unmittelbare Erfassung der Wirklichkeit in ihrer vollen Sinnlichkeit. »Auf A., mithin auf Sinnlichkeit, muß sich direkt oder indirekt alles Denken beziehen, weil uns auf andere Weise kein Gegenstand gegeben werden kann« (Kant). Ähnlich Schopenhauer: »Nicht im abstrakten Wissen, sondern in der richtigen und tiefen anschaulichen Auffassung der Welt liegt die Quelle wahrer Weisheit.« »So lange wir uns rein anschauend verhalten, ist alles klar, fest und gewiß. Da gibt es weder Fragen noch Zweifeln, noch Irren. Die A. ist sich selber genug; daher, was rein aus ihr entsprungen und ihr treu geblieben ist, wie das echte Kunstwerk niemals falsch sein noch durch irgendeine Zeit widerlegt werden kann; denn es gibt keine Meinung, sondern die Sache selbst.« Kant unterscheidet empirische und reine Anschauungen; jene beziehen sich auf den Gegenstand durch Empfindung, diese enthalten lediglich die Form, unter der etwas vorgestellt wird.

Anschauungsformen, nichts anderes, sind nach Kant Raum und Zeit; das, worin sich die Empfindungen ordnen. Als allgemeinste Formen des Denkinhalts sind sie nach Wundt zugleich Formen der Dinge selbst, »subjektive Rekonstruktionen eines objektiv Gegebenen«.

an sich, dem eigenen Sein nach, unabhängig von einem anderen, unabhängig im besonderen von einem erkennenden Bewußtsein. S. auch Ding an sich.

Antagonismus, Widerstreit, das Gegeneinanderwirken zweier Kräfte.

Antecedens, das Vorhergehende. (Konsequenz: das Nachfolgende.)

Anthropismus, Vermenschlichung; unter diesem Begriff versteht Haeckel »jenen mächtigen und weitverbreiteten Komplex von irrtümlichen Vorstellungen, welcher den menschlichen Organismus in Gegensatz zu der ganzen übrigen Natur stellt, ihn als vorbedachtes Endziel der organischen Schöpfung und als ein prinzipiell von dieser verschiedenes, gottähnliches Wesen auffaßt«.

Anthropogenie, die Entwicklungsgeschichte des Menschen, sowohl seine Keimesgeschichte als seine Stammesgeschichte umfassend.

Anthropologie, die Wissenschaft vom Menschen, insbesondere seiner körperlichen Beschaffenheit nach (somatische A., zum Unterschied von der psychischen). Die A. ist ein Teil der Zoologie.

anthropomorph, vermenschlicht, nach menschlicher Art und Weise gedacht. — Anthropomorphismus, Vermenschlichung, Betrachtung nichtmenschlicher Dinge in Analogie mit menschlichen. Auch die Tatsache, daß wir die Welt eben nur menschlich, als Menschen, erkennen können. In religiöser Hinsicht die Vorstellung eines Gottes als eines menschenähnlichen Wesens.

Anthropomorphen, die menschenähnlichen Affen: Gorilla, Schimpanse, Orang-Utan, Gibbon, Mensch.

anthropozentrisch heißt eine Anschauung, die den Menschen in den Mittelpunkt der Welt stellt, alles auf ihn bezogen sein läßt.

antilogisch, unsinnig, unlogisch, widerspruchsvoll. Antilogismus: das Unsinnige in ein System gebracht.

Antinomie, Widerstreit zweier Sätze (Thesis und Antithesis), denen anscheinend gleiche Geltung zukommt. Kant zählt vier Antinomien auf, in die sich die Vernunft bei ihrem Streben, das Unbedingte zu denken, mit Notwendigkeit verwickelt:

1. Die Welt hat einen Anfang in der Zeit und ist dem Raume nach auch in Grenzen eingeschlossen. — Die Welt hat keinen Anfang und keine Grenzen im Raume, sondern ist, sowohl in Ansehung der Zeit als des Raumes, unendlich.

2. Eine jede zusammengesetzte Substanz in der Welt besteht aus einfachen Teilen, und es existiert überall nichts als das Einfache oder das, was aus diesem zusammengesetzt ist. — Kein zusammengesetztes Ding in der Welt besteht aus einfachen Teilen, und es existiert überall nichts Einfaches in derselben.

3. Die Kausalität nach Gesetzen der Natur ist nicht die einzige, aus welcher die Erscheinungen der Welt insgesamt abgeleitet werden können. Es ist noch eine Kausalität durch Freiheit zur Erklärung derselben anzunehmen notwendig. — Es ist keine Freiheit, sondern alles in der Welt geschieht lediglich nach den Gesetzen der Natur.

4. Zu der Welt gehört etwas, das entweder als ihr Teil oder ihre Ursache ein schlechthin notwendiges Wesen ist. — Es existiert überall kein schlechthin notwendiges Wesen, weder in der Welt, noch außer der Welt, als ihre Ursache.

Bei den Antinomien 1 und 2 (die mathematischen A.) sind nach Kant Thesis wie Antithesis falsch, weil Raum, Zeit, Einfachheit, Zusammengesetztheit, nicht von Dingen an sich, sondern nur von Erscheinungen gelten; bei 3 und 4 (dynamische A.) sind Thesis und Antithesis wahr; aber jene gilt nur für die Dinge an sich, diese nur für die Erscheinungen. Schopenhauer hält mit Recht die Kantschen Beweise zu den Thesen für Sophismen, während die Beweise zu den Antithesen ganz ehrlich, richtig und aus objektiven Gründen geführt seien. (S. Schopenhauer, W. a. W. u. V. Bd. I, Anhang: Kritik der Kantschen Philosophie.)

Antipathie, Abneigung, ein Gefühl des Zuwideren, von dem sich keine klare, auf eingesehenen Gründen ruhende Rechenschaft geben läßt. Gegensatz: Sympathie.

Antithese, Gegensatz, Gegenbehauptung. Vgl. These.

Antithetik, bei Kant der Widerstreit scheinbar dogmatischer Erkenntnisse (Thesis und Antithesis), ohne daß man einer vor der andern einen vorzüglichen Anspruch auf Beifall beilegt. Transzendentale A. ist eine Untersuchung über die Antinomie der reinen Vernunft. Vgl. Antinomie.

Antizipation, Vorwegnahme. Nach Kant »alle Erkenntnis, wodurch ich das, was zur empirischen Erkenntnis gehört, a priori erkennen und bestimmen kann«.

Anziehung. Newton hat das Gesetz entdeckt, daß sich alle Weltkörper im Verhältnis ihrer Masse und im umgekehrten Verhältnis des Quadrates ihrer Entfernung anziehen. (Gravitationsgesetz.)

Äon, Ewigkeit, unveränderliche Dauer, Weltperiode. — Im Gnostizismus sind die Äonen personifizierte göttliche Kräfte, die aus der Gottheit entstammen; ihr Inbegriff wird als Pleroma bezeichnet.

Aoristie, die bewußte Unentschiedenheit (Nichtentscheidung), der Skeptiker (s. Skeptizismus).

Apagoge, der negative oder indirekte Beweis, der eine Behauptung als falsch nachweist, indem er in ihr selbst oder in den aus ihr sich ergebenden Folgerungen einen Widerspruch mit sicheren Wahrheiten nachweist; der apagogische Beweis beweist die Richtigkeit einer Behauptung aus der Unrichtigkeit ihres Gegenteils.

Apathie, Unempfindlichkeit der Seele, Gefühlslosigkeit, ein Zustand, in welchem der Mensch über nichts weder Lust noch Unlust empfindet; unter sonst normalen Verhältnissen eine Folge der Ermüdung des Gehirns; bei den Stoikern und Spinoza bedeutet A. die Freiheit von Affekten, resp. ihre Beherrschung, die nach Spinoza durch die Einsicht in den Kausalzusammenhang alles Geschehens erlangt wird: »Nach ewigen ehernen großen Gesetzen müssen wir alle unseres Daseins Kreise vollenden.«

Apeiron, das Unendliche, Unbegrenzte, nannte Anaximander den ewigen und unveränderlichen Urgrund aller Dinge, aus dem alles hervorgeht, der in allem wirkt, und in den alles wieder zurückkehrt.

Aperçu, ein Gewahrwerden dessen, was eigentlich den Erscheinungen zugrunde liegt, die Erkenntnis der Urphänomene. (Goethe.)

Aphasie, Sprachlosigkeit, das teilweise oder völlige Unvermögen, die Gedanken sprachlich auszudrücken, bei vollständig erhaltenem Bewußtsein und intakten Sprachwerkzeugen; beruht auf einer Erkrankung des Brocaschen Zentrums (des Sprachzentrums) in der dritten linken Stirnwindung.

apodiktisch, unwiderleglich unbedingt richtig. Das apodiktische Urteil drückt logische Notwendigkeit aus.

apollinisch nennt Nietzsche den theoretischen, intellektuellen, nach Maß, Ordnung, Harmonie strebenden, optimistisch gestimmten Trieb im Gegensatz zum dionysischen, dem Dynamischen, Leidenschaftlichen und Tragischen des Lebens- und Machtwillens.

Aporem, Schwierigkeit, schwierige Aufgabe, Streitfrage.

Aporetiker, soviel wie Skeptiker.

Aporie, Zweifel, logische Schwierigkeit.

a posteriori, aus der Erfahrung; s. a priori.

Apperzeption, nach Herbart die Aneignung einer neuen Vorstellung dadurch, daß sie mit bereits vorhandenen in Verbindung tritt; nach Wundt ein Willensvorgang, durch den irgendein psychischer Inhalt zu klarer Auffassung gebracht (bemerkt, geschätzt, verglichen und verbunden) wird. Sie tritt in zwei Formen auf: als unvorbereitete oder passive A., wenn sich der neue

Inhalt plötzlich und ohne vorbereitende Gefühlswirkung der Aufmerksamkeit aufdringt, und als vorbereitete oder aktive A., wenn der neue Inhalt durch Gefühlswirkungen vorbereitet und infolgedessen schon vor seinem Eintritt die Aufmerksamkeit auf ihn gespannt ist.

Ziehen hält diese Wundtsche »Oberseele« für ganz überflüssig und ihre Annahme für einen Rückfall in eine alte unnaturwissenschaftliche Psychologie; ihm genügt die Assoziation der Vorstellungen zur Erklärung der psychischen Mechanik.

Kant versteht unter reiner (oder auch transzendentaler) A. die durchgängige Identität seiner selbst bei allen möglichen Vorstellungen.

Apperzeptionspsychologie, von Wundt begründete Richtung der Psychologie, welche zur Erklärung der psychischen Mechanik eine »Apperzeption« (s. d.) genannte besondere Fähigkeit für nötig hält; ihr steht gegenüber die Assoziationspsychologie, die besonders Ziehen vertritt.

apperzipieren, eine Empfindung, Vorstellung klar bewußt in den vorhandenen Vorstellungskreis aufnehmen.

Apprehension, Erfassung, Auffassung, Verständnis; apprehendieren, begreifen. Nach Kants Terminologie wird z. B. die empirische Anschauung eines Hauses durch A. des Mannigfaltigen desselben zur Wahrnehmung gemacht. Die empirische Synthesis der A. entspricht der intellektuellen Synthesis der Apperzeption:

es ist ein und dieselbe Spontaneität, welche Verbindung in das Mannigfaltige der Anschauung bringt.

a priori, a posteriori. Ursprünglich heißt a priori eine Erkenntnis der Dinge aus ihren Ursachen oder Gründen, a posteriori eine Erkenntnis aus den Wirkungen oder Folgen; also a priori = vor der Erfahrung, a posteriori: aus der Erfahrung. Bei Kant erhält das a priori die Bedeutung: unabhängig von aller Erfahrung, vielmehr alle Erfahrung erst ermöglichend; es ist alles das, was in unserer Anschauung oder in unserem Denken niemals weggelassen werden kann, was als subjektive Form der Sinnlichkeit auftritt, mit dem Kennzeichen unbedingter Notwendigkeit und strenger Allgemeinheit; also nach Kant Raum, Zeit und Kausalität; daher auch das »a priori« gleichgesetzt wird mit: »der Form nach«. Das a posteriori: aus der Erfahrung stammend, abgeleitet.

Apriorismus, diejenige philosophische Ansicht, welche ein a priori annimmt, sei es in der Erkenntnistheorie, sei es in der Ethik, in welch letzterem Fall behauptet wird, die Erkenntnis dessen, was gut und böse sei, sei angeboren.

Äquilibrium indifferentiae, Gleichgewicht zwischen zwei entgegengesetzten Motiven. Äquilibrismus: diejenige Lehre, nach welcher Freiheit des Willens nur bei völligem Gleichgewicht der Motive möglich sein soll.

Aequivalenz, Gleichwertigkeit. Äquivalent, gleicher Wert; äquivalent, gleichwertig.

äquivok, gleichbedeutend, doppelsinnig, zweideutig, heißen Bezeichnungen, die einen doppelten Sinn haben. Äquivokation, die Anwendung äquivoker Bezeichnungen, die in einer logischen Beweisführung nicht gestattet ist.

Arbeit, in der Physik das Produkt von Kraft und Weg. »Die Vermehrung der Energie eines Systems, vorgestellt als Folge einer auf das System ausgeübten Kraft, wird die Arbeit jener Kraft genannt« (Hertz).

Arbeitsteilung, s. Differenzierung.

Arbitrium liberum, Willensfreiheit.

Archetyp, Urbild, Urform.

Archeus (Archaeus, der »Herrscher«), nennt Paracelsus die Lebenskraft (s. d.).

Archigonie, Urzeugung (s. d.).

Architektonik nennt Kant die Kunst, ein philosophisches System zu bauen.

Arete (griech.), Tugend, ein Begriff, der Tüchtigkeit, Schönheit und äußeres Ansehen zusammen in sich begreift.

Aretologie, Tugendlehre.

Argument, Beweis, Beweisgrund: derjenige Teil eines Beweises, auf dem dieser ruht. A. ad hominem: dem Verständnis des jeweiligen Zuhörers angepaßter, nicht streng logischer Beweis. A. e consensu gentium, eine Behauptung, die sich auf eine allgemein verbreitete Annahme stützt. A. e contrario, ein Beweis aus dem Gegenteil heraus.

Argumentation, Beweisführung.

argumentieren, beweisen, begründen, schlußfolgern.

Argutien, Spitzfindigkeiten.

Aristokratie, Herrschaft der Edlen, Vornehmen. »Der echte Aristokratismus bedeutet, daß die wichtigsten Gesellschafts- und Kulturfunktionen von den für diese Aufgaben am meisten begabten Individuen ausgeübt werden. Der wahre Aristokrat schafft Werte und dient und strebt, um den Wertbesitz anderer zu vergrößern. Ein solcher Aristokratismus läßt sich unmöglich auf anderem Fundament als auf dem des echten Demokratismus erhalten. Denn dieser ist nichts anderes als die Fürsorge und die Selbstzucht, die ein ganzes Volk sich selber zuteil werden läßt, indem es sich als Mutterschoß derjenigen Aristokratie betrachtet, welche einzig und allein die Nation nach den unsichtbaren Hochlanden der Vollkommenheit hinaufführen kann. Wie der unechte Aristokratismus in der Wahnvorstellung lebt, daß alle Mitglieder gewisser Familien wirkliche Aristokraten seien, so hängt sich der unechte Demokratismus an den sozialen Trugwahn, daß alle Mitglieder eines ganzen Volkes für die höchsten Kulturaufgaben gleich begabt seien und daß Führer daher überflüssig seien und durch Bevollmächtigte mit imperativen Mandaten ersetzt werden könnten.« (Steffen, Die Demokratie in England. Jena 1911.)

Art, logisch der einem höheren, dem Gattungsbegriff, untergeordnete Begriff; biologisch ein systematischer

Begriff: der Inbegriff nächstverwandter Lebewesen, die in gewissen, relativ konstanten Merkmalen übereinstimmen.

Artefakt, Kunstprodukt.

Aseität, das vollkommene In- und Durch-sich-selbstsein, die absolute Selbständigkeit, das, was den Grund seiner Existenz ganz nur in sich selbst hat.

Askese, eigentlich »Übung«; in der griechischen Philosophie die praktische Übung und Aneignung der ethischen Grundsätze (ursprünglich bezeichnete das Wort die enthaltsame, mäßige Lebensweise, welche die Athleten zur Aneignung und Erhaltung ihrer körperlichen Kraft und Gewandtheit führten, während sie sich auf die Kampfspiele vorbereiteten, einübten). Die mönchische Askese war auf Ertötung der sinnlichen Natur in jeder Hinsicht gerichtet, nicht nur der geschlechtlichen Lust, sondern auch der Lust des Anschauens, des Hörens, des Schmeckens usw.

asomatisch, körperlos, unkörperlich.

assertorisch ist ein Urteil, in dem etwas einfach behauptet oder verneint wird.

Assimilation, Verähnlichung, Aneignung, die Aufnahme fremden Stoffes und Umwandlung desselben gemäß der Eigenart des Aufnehmenden. In der Psychologie eine simultane Assoziation, die in der Veränderung gegebener psychischer Gebilde durch die Einwirkung von Elementen anderer Gebilde besteht (Wundt). Auf Wirkungen solcher A. beruhen z. B. die

Einflüsse der zeichnerischen Perspektive: ein in einer Ebene gezeichnetes Bild kann uns nur dadurch körperlich erscheinen, daß der Eindruck Elemente früherer Wahrnehmungen erweckt, die den neuen Eindruck assimilieren.

Assoziation, Vergesellschaftung. Ideen-Assoziation: die Verknüpfung von Vorstellungen, derart, daß das Auftreten der einen Vorstellung das der anderen bewirkt. »Von jedem erregten Teil des Bewußtseins (physiologisch gesprochen: der Großhirnrinde, in denen das »Bewußt-sein« lokalisiert ist) pflanzt sich die Erregung stets auf diejenigen unbewußten Elemente fort, welche am stärksten mit demselben verbunden oder eins sind. Diesem Gesetz gemäß bezeichnet man die Wiederbringung des einen Elements durch das andere auch als A.« (Jodl). In einem treffenden Bild schildert Goethe die A.: »Es ist mit der Gedankenfabrik wie mit einem Webermeisterstück, wo ein Tritt tausend Fäden regt, die Schifflein herüber, hinüber schießen, die Fäden ungesehen fließen, ein Schlag tausend Verbindungen schlägt.« Ziehen bezeichnet mit dem Namen A. die Summe aller psychischen Vorgänge, welche aus der Empfindung schließlich die Handlung entstehen lassen.

Assoziationsgesetze sind: 1. das Gesetz der Zeitfolge und der Gleichzeitigkeit: Vorstellungen, die nacheinander oder gleichzeitig aufgetreten sind, assoziieren sich; 2. das Gesetz der Ähnlichkeit und des Kontrastes: Vorstellungen, die inhaltlich ähnlich oder gegensätzlich sind, assoziieren sich. Physiologisch drückt das Grundgesetz der A. James richtig so aus: »Wenn zwei elementare Gehirnprozesse zusammen oder in unmittelbarer Aufeinanderfolge abgelaufen sind, hat der eine von ihnen, wenn er wieder auftritt, das Bestreben, seine Erregung auf den anderen zu übertragen.« In der Biologie und Soziologie bedeutet A. die Vereinigung mehrerer oder vieler Individuen zu gemeinsamer Leistung, die durch Arbeitsteilung erhöht wird.

Assoziationspsychologie, diejenige Richtung der Psychologie, welche die Mechanik des psychischen Geschehens durch Assoziationen für erklärbar hält und die Annahme einer besonderen aktiven Kraft (s. Apperzeption) zurückweist.

Assoziationszentren, s. Lokalisationstheorie.

Asthenie, Kraftlosigkeit; asthenisch, kraftlos.

Ästhesis nennt Haeckel die Empfindung.

Ästhet wird im tadelnden Sinn ein Mensch genannt, der im Schönen schwelgt und in diesem Schwelgen völlig aufgeht, der alles nur unter dem Gesichtspunkt des Schönen beurteilt.

Ästhetik, die Wissenschaft vom Schönen (s. d.); ursprünglich: die Lehre von der Sinneserkenntnis; so noch von Kant gebraucht; die transzendentale Ä. ist ihm die Wissenschaft von allen Prinzipien der Sinnlichkeit a priori; sie isoliert zunächst die Sinnlichkeit, indem sie alles absondert, was der Verstand durch seine Begriffe dabei denkt, bis nichts anderes als empirische

Anschauung übrigbleibt; zweitens zieht sie von dieser noch alles ab, was zur Empfindung gehört, so daß nichts als reine Anschauung und die bloße Form der Erscheinungen übrigbleibt, das einzige, was die Sinnlichkeit a priori liefern kann.

ästhetisch, auf das Schöne bezüglich.

Ästhetizismus, die überspannende Erhebung des Schönen zum dominierenden Faktor des Urteilens und Handelns. S. auch Ästhet.

Astralgeister, Stern- oder Luftgeister.

Astralleib, nach Paracelsus ein feiner, unter gewöhnlichen Verhältnissen unsichtbarer Leib, der als Doppelgänger des grobmateriellen Leibes und bei Lebzeiten desselben als dessen seelische bewegende Kraft gedacht wird.

Astrologie, bei Griechen und Römern soviel wie Astronomie; jetzt die angebliche Kunst, aus dem Lauf und der Stellung der Gestirne das Schicksal der Menschen zu deuten.

Asylum ignorantiae, Zuflucht der Unwissenheit; als solche dient am häufigsten der »Gott«, der als nichts erklärende Hypothese in die Lücke einer Erkenntnis oder als die höchst voreilige Enderklärung eines Zustandes, eines Geschehens gesetzt wird.

Ataraxie, Unerschütterlichkeit des Gemüts, völlige Seelenruhe, die entsteht durch völliges Freisein von (physischen und psychischen) Schmerzen. Vgl. Epikurs Philosophie der Lebensfreude.

Atavismus, Rückschlag, das Wiederauftreten voreltelicher Eigenschaften bei einem späteren Nachkommen.

Athanasie, Unsterblichkeit. Athanatismus, der Glaube an A.

Athaumasie, das Sich-nicht-wundern (»nil admirari«), welches der Stoiker Zenon vom Weisen fordert.

Atheismus, Gottlosigkeit, die Ablehnung der (unbegründeten und unbegründbaren) Hypothese »Gott« zur Erklärung der Welt und Begründung der Ethik. Die Formel des kritischen A. ist nicht: »Es gibt keinen Gott«, sondern: »Die Hypothese eines Gottes ist untauglich und unbrauchbar sowohl in der Wissenschaft wie in der Philosophie, ebenso auch in der Ethik.« Alle Wissenschaft, soweit sie diesen Namen wirklich verdient, ist jetzt atheistisch; Philosophie und Ethik sind auf dem Weg, es zu werden. S. auch »Gott«.

Äther, in der griechischen Philosophie (besonders bei den Stoikern) der feine Urstoff, aus dem alles andere entsteht, der (als »Weltseele«) in allem wirkt, und in den sich alles bei dem Weltbrand (der Ekpyrosis) wieder verwandelt. Die neueste Physik scheint wieder auf diese Äthertheorie zurückzukommen. Der Weltäther ist nach Mie absolut durchdringbar für die greifbaren Atome, er ist absolut unbeweglich, unveränderlich, inkompressibel, reibungslos, er ist rotationell elastisch, die Fortpflanzungsgeschwindigkeit der Spannungen in ihm beträgt 300 000 km in der Sekunde (Lichtgeschwindigkeit). Das Licht ist eine (periodisch wechselnde) elektrische Spannung des Äthers verbunden mit einem zu dieser Spannung und zu der Fortschreitungsrichtung senkrecht gerichteten magnetischen Zustand. Vgl. Mie, Moleküle, Atome, Weltäther (Teubner).

ätherisch, aus Äther bestehend, von der Natur des Äthers.

Ätiologie, Lehre von den Ursachen.

Atman, in der Samkhya- und buddhistischen Lehre die Seele, das innerste Wesen der Persönlichkeit, der Dinge überhaupt, das Weltprinzip.

Atom, das Unteilbare; Atome sind nach der Lehre von Leukipp und Demokrit die kleinsten Bausteine, aus denen alles zusammengesetzt ist. Die neuere Physik hat die Atomenlehre, die Lehre von der »körnigen Struktur der Materie« experimentell als richtig erwiesen; es hat sich aber auch gezeigt, daß die bisherigen Atome der Chemie aus noch kleineren Teilen (»Elektronen«, »Korpuskeln«) aufgebaut sind, der ursprüngliche Sinn des Namens Atom (»unteilbar«) also nicht aufrecht zu erhalten ist.

Atomismus, die Lehre, daß alle Dinge aus isolierten Elementen (Atomen) bestehen, und alles Geschehen auf Umlagerung Vereinigung und Trennung von Atomen besteht.

Atomistik, Atomenlehre.

Attraktion, Anziehung.

Attribut, eigentlich: das Beigelegte; wesentliche Eigenschaft. Spinoza definiert: »Unter A. verstehe ich das, was der Verstand als das Wesentliche an der Substanz erkennt.« Die Substanz besteht in unendlichen Attributen, deren jedes das Wesen der Substanz ganz ausdrückt. Wir aber erfassen nur zwei Attribute: Denken und Ausdehnung. Jedes A. der Substanz muß durch sich begriffen werden, und sofern die Dinge als Daseinsformen (modi) des Denkens betrachtet werden, muß die Ordnung der ganzen Natur, oder die Verknüpfung der Ursachen, durch das A. des Denkens allein erklärt werden; und sofern sie als Daseinsformen der Ausdehnung betrachtet werden, muß auch die Ordnung der ganzen Natur durch das bloße A. der Ausdehnung erklärt werden: beides kommt auf eins hinaus.

Aufklärung, die Verbreitung richtiger Erkenntnisse namentlich in religiöser Hinsicht. Nach Kant ist A. Befreiung vom Aberglauben (wie überhaupt von Vorurteilen), und er fügt hinzu: »Man sieht bald, daß A. zwar in Thesi beruht, in Hypothesi aber eine schwere und langsam auszuführende Sache sei, weil, mit seiner Vernunft nicht passiv, sondern jederzeit sich selbst gesetzgebend zu sein, zwar etwas ganz Leichtes für den Menschen ist, der nur seinem wesentlichen Zweck angemessen sein will und das, was über seinen Verstand ist, nicht zu wissen verlangt; aber da die Bestrebung zum letzteren kaum zu verhüten ist und es an anderen, welche die Wißbegierde befriedigen zu können mit vieler Zuversicht versprechen, nie fehlen wird, so muß das bloß Negative (welches die eigentliche Aufklärung ausmacht) in der Denkungsart (zumal der öffentlichen) zu erhalten oder herzustellen sehr schwer sein.« Als Zeitalter der A. wird die zweite Hälfte des achtzehnten Jahrhunderts bezeichnet, in welcher die aufklärenden Bestrebungen in England (Deisten), Frankreich (Bayle, Voltaire, Helvetius, Holbach, Grimm, Diderot, d'Alembert, Lametrie) und Deutschland (Friedrich der Gr., Lessing, Mendelssohn, Nicolai u. a.) eine große Bedeutung erlangten.

Aufmerksamkeit, das Verharren des Bewußtseins bei einer Empfindung oder Vorstellung. Als wahrscheinliche physiologische Bedingungen der Aufmerksamkeit betrachtet James:

1. Das betreffende Zentrum der Gehirnrinde muß sowohl von Seite des Vorstellungslebens (d. h. der innerkortikalen) als auch von Seite der Sinneseindrücke aus erregt werden, bevor ein Aufmerken auf einen Gegenstand stattfinden kann.

2. Das Sinnesorgan muß sich dann durch Einstellen seines Muskelapparats zu besonders vollkommener Aufnahme des Objekts instandsetzen.

3. Aller Wahrscheinlichkeit nach muß eine gewisse Blutzufuhr nach dem kortikalen Zentrum erfolgen.

Ausdehnung, die Räumlichkeit der Körper, die wesentliche Eigenschaft der Materie. Bei Cartesius die eine seiner beiden Substanzen (neben dem Denken, dem Geist), bei Spinoza ein Attribut der einen Substanz.

Ausdruck, die körperliche Erscheinung einer Gemütsbewegung. (Gesichtsausdruck, Bewegungen des Gesamtkörpers.) Während nach der einen Theorie die Ausdrucksbewegungen Folge der Gemütserregungen sind, sind nach einer anderen (James) die in den Gemütsbewegungen hervortretenden Bewußtseinszustände Resultate ihres körperlichen Ausdrucks. Nach der monistischen Auffassung sind beide die zwei Erscheinungsformen (Äußerung und Innerung) ein und desselben Geschehens. Viele Ausdrucksbewegungen der Kulturmenschen sind Rudimente aus der vormenschlichen Periode des Menschen, so z. B. das höhnisch-haßerfüllte Emporziehen der Seitenpartien der Oberlippe, wodurch die Eckzähne freigelegt werden. Vgl. Darwin, der Ausdruck der Gemütsbewegungen.

Auslösung, die geringfügige Energiemenge, welche nötig ist, um die in einem System aufgespeicherte untätige (potentielle) Energie mit einemmal in aktuelle Energie zu verwandeln.

Außenwelt, die Welt der körperlichen Dinge im Gegensatz zur geistigen; alles das, was nicht zu einem »Ich« gehört. Der Gegensatz von A. und Innenwelt ist weder empirisch noch erkenntnis-theoretisch in seiner Schärfe aufrecht zu erhalten; empirisch nicht: denn der Mensch hängt physisch aufs engste mit der ihn umgebenden Außenwelt zusammen, steht in fortwährendem Stoff- und Kraftwechsel mit ihr; erkenntnistheoretisch nicht: denn die Außenwelt ist (idealistisch) Bewußtseinsinhalt, oder (empiristisch) der Bewußtseinsinhalt ist durch die Einwirkung der Außenwelt geschaffen.

Äußerung und **Innerung** nenne ich die beiden Seiten des Geschehens: Äußerung ist ein dynamischer Modus, betrachtet unter dem Attribut der Ausdehnung (materiell, objektiv); Innerung ein dynamischer Modus, betrachtet unter dem Attribut des Denkens (psychisch, subjektiv). S. Identitätslehre.

Autarkie, Selbstgenügsamkeit, die Unabhängigkeit von äußeren Dingen: Der Weise ist sich selbst genug (Stoiker).

Autodidakt, selbstgelehrt, ist einer, der nicht durch regelrechten schulmäßigen Unterricht zu seiner Bildung gekommen ist, sondern durch eigenes Studium, eigene Erfahrung.

automatisch, von selbst geschehend, heißen Bewegungen, die ohne Beteiligung des »Willens« erfolgen. Nach Spinoza ist die Seele überhaupt ein Automat; nach Descartes sind die Tiere Automaten: sie haben keine Seele.

Autonomie, Selbstgesetzgebung, die Selbstbestimmung aus eigener Vernunft und Kraft, gemäß der eigenen Natur; Freiheit der Selbstbestimmung. Das Grundprinzip aller Sittlichkeit, ausgesprochen von Goethe in dem Wort: »Der Mensch mag seine höhere Bestimmung in der Gegenwart oder in der Zukunft, im Diesseits oder in einem Jenseits suchen, so bleibt er deshalb doch innerlich einem ewigen Schwanken, von außen einer immer störenden Einwirkung, ausgesetzt, bis er ein für allemal den Entschluß faßt, zu erklären: das Rechte sei das, was ihm gemäß sei.« A. ist das Prinzip des ethischen Egoismus.

Autorität ist, was durch seine Macht Geltung, durch seine Geltung Macht hat (Eisler). »Jede Autorität ist eine Art Überlieferung. Wir lassen die Existenz, die Würde, die Gewalt von irgendeinem Dinge gelten, ohne daß wir seinen Ursprung, sein Herkommen, seinen Wert deutlich erkennen. Gegen die A. verhält sich der Mensch beständig schwankend. Er fühlt in seiner Dürftigkeit, daß er, ohne sich auf etwas Drittes zu stützen, mit seinen Kräften nicht auslangt. Dann aber, wenn das Gefühl seiner Macht und Herrlichkeit in ihm aufgeht, stößt er das Hilfreiche von sich und glaubt für sich selbst und andere hinzureichen« (Goethe). Aller A. gegenüber sollte der Mensch zur Pflicht des Selbstprüfens erzogen werden. Der blinde Autoritätsglaube unterwirft sich der A. besinnungs- und bedingungslos; seine Formel hat er in dem »Autos épha, er selbst (der Meister) hat es gesagt« gefunden, womit die Pythagoreer ihre Behauptungen rechtfertigten; auch in dem »Es steht geschrieben« der Christen.

Autosuggestion, Selbsterzeugung einer Suggestion.

Averroïsmus, eine durch Averroës (1162 – 1198) aufgekommene Richtung der aristotelischen Philosophie, mit pantheistischen Neigungen, die Unsterblichkeit der Seele verneinend.

Aversion, Abneigung.

Axiom, Grundsatz, ein Satz, der nicht bewiesen werden kann, aber auch nicht bewiesen zu werden braucht, da er unmittelbar als richtig einleuchtet. Axiome bilden die letzten Voraussetzungen, auf welche alle Beweisführung zurückgehen muß.

B.

Bedingung (conditio), dasjenige, wovon ein Anderes (das Bedingte) abhängt. S. auch Konditionismus.

Begierde (cupido), ein Verlangen mit dem Bewußtsein desselben, definiert Spinoza, oder anders: B. ist des Menschen Wesen selbst, sofern es als durch irgendeine gegebene Erregung desselben zu einer Tätigkeit bestimmt begriffen wird. Und er fügt hinzu, daß wir nichts erstreben, wollen, verlangen oder begehren, weil wir es für gut halten, sondern daß wir umgekehrt darum etwas für gut halten, weil wir es erstreben, wollen, verlangen oder begehren.

begreifen, ein Ding, ein Geschehen in seinen Bedingungen völlig erkennen und in einen vorhandenen Bewußtseinsbestand einordnen.

Begriff, bezeichnet einerseits ein natürliches psychologisches Erzeugnis, das einfache innere Korrelat des Wortes, wie es im gewöhnlichen natürlichen Sprechen gebraucht wird, die Vorstellung auf der Stufe, auf der sie ein innerer Besitz geworden ist, andererseits den Zielpunkt unseres Erkenntnisstrebens, insofern, als in ihm ein adäquates Abbild des Wesens der Dinge gesucht und gefordert wird, daß, wer den Begriff einer Sache habe, sie dadurch in ihrem Kern durchschaue, sie begreife, d. h. ihre einzelnen Bestimmungen als notwendige Folge ihres einheitlichen Wesens in ihrem Zusammenhange einsehe (Sigwart). Nach Kant eine Erkenntnis, die sich — im Gegensatz zur Anschauung — mittelbar auf einen Gegenstand bezieht vermittelst eines Merkmals, das mehreren Dingen gemein sein kann. Nach Schopenhauer eine abstrakte Vorstellung, die nicht das Angeschaute noch das dabei Empfundene aufbewahrt, sondern dessen Wesentliches, in ganz veränderter Gestalt und doch als genügender Stellvertreter jener.

Der Inhalt eines B. ist die Gesamtheit seiner Merkmale, sein Umfang die Gesamtheit der ihm untergeordneten niederen Begriffe. Je reicher der Inhalt, desto enger ist der Umfang eines Begriffes, und umgekehrt: je weiter der Umfang, desto ärmer der Inhalt. Als Merkmal des umfangreichsten, des alles umfassenden Begriffes Natur bleibt nur noch die Existenz, das Sein.

Die Begriffe sind verwandt oder disparat, je nachdem sie einige Merkmale gemeinsam haben oder nicht. Ein Begriff ist klar, wenn sein Umfang, deutlich, wenn sein Inhalt bekannt ist.

Beiordnung, s. Koordination.

Beobachtung, aufmerksames, in der Wissenschaft planmäßiges Betrachten eines Gegenstandes, eines Vorgangs.

Beschreibung, die möglichst vollständige Aufzählung der Komponenten eines Dinges, eines Geschehens. S. auch Erklärung.

Besonnenheit, neben Einsicht, Tapferkeit und Gerechtigkeit eine der vier Haupttugenden der griechischen Philosophie: die Gegenwart der Einsicht im Tun.

bestimmt ist ein Begriff, wenn er nach Inhalt und Umfang von anderen Begriffen abgegrenzt ist.

Bewegungsempfindungen, die Empfindungen der Haut, der Muskeln, Sehnen, Gelenke, die infolge der Bewegungen entstehen und für die Ausbildung der Raumvorstellung höchst bedeutsam sind (besonders die Bewegungen des Augapfels).

Beweis (Argumentatio), die Darlegung der Wahrheit oder Unwahrheit eines Urteils (Behauptung) aus Gründen; die Ableitung eines Satzes aus anderen Sätzen (Prämissen, Beweisgründe), die als gewiß gelten. Der Beweis ist direkt oder indirekt (apagogisch, s. d.).

Bewußtsein, das Wissen um psychische Zustände oder Vorgänge, das nur zustande kommen kann dadurch, daß verschiedene psychische Zustände oder Vorgänge fortwährend und rasch mit Zuständen oder Vorgängen, die ein Wissen um das Ich bedeuten (Selbstbewußtsein), intermittieren. Sein objektives Gegenstück ist nach Riehl eine Struktur, der Bau des Nervensystems, genauer: die durch diese Struktur ermöglichte, durch sie geleitete Zusammenordnung von Energie. Nach Haeckel ist das B. eine mechanische Arbeit der Ganglienzellen und als solche auf chemische und physikalische Vorgänge im Plasma zurückzuführen. Es ist an die Zentralisation des Nervensystems gebunden. Von manchen wird »psychisch« und »bewußt« gleichgesetzt. »Der Begriff des B. erweist sich als eine Abstraktion, der nicht einmal der Schatten einer selbständigen Wirklichkeit zukommt. Es drückt lediglich die Tatsache aus, daß wir ein inneres Leben führen, ist aber von den einzelnen Vorgängen dieses Lebens ebensowenig verschieden, wie das physische Leben eine Kraft ist, die außerhalb der sämtlichen physiologischen Prozesse ein selbständiges Dasein führt« (Wundt, Ethik II).

James konstatiert vier Eigentümlichkeiten des Bewußtseins:

1. Jeder Bewußtseinszustand oder -inhalt tritt auf mit dem Anspruch, Teil eines persönlichen Bewußtseins zu sein.

2. Innerhalb jedes persönlichen Bewußtseins wechseln die Zustände fortwährend (der »Strom des Bewußtseins«).

3. Jedes persönliche Bewußtsein ist merklich kontinuierlich (die »Einheit des Bewußtseins«).

4. Es interessiert sich ausschließlich für bestimmte Teile des ihm gegenübertretenden Objekts, mit Vernachlässigung anderer, und ist beständig beschäftigt aufzunehmen oder abzuweisen, kurz zu wählen unter seinen Gegenständen (die »Enge des Bewußtseins«).

Außer dem Individualbewußtsein gibt es auch ein sog. Gesamt- oder Kollektivbewußtsein, worunter die

Gesamtheit der psychischen Erlebnisse einer sozialen Gemeinschaft verstanden wird.

Bildung, früher soviel wie (körperliche) Gestaltung oder Gestalt, seit Justus Möser: geistige Kultur, »die zu vollendeter Entwickelung gelangte Gestalt des inneren Menschen« (Paulsen).

Biogenetisches Grundgesetz heißt der Satz, daß die Ontogenesis (Entwickelung des Individuums) eine durch Vererbung und Anpassung bedingte, abgekürzte und modifizierte Wiederholung der Phylogenesis (Entwickelung des Stammes, der »Rasse«) sei. Gilt für die Entwickelung der Form wie der Funktion, also auch für den »Geist«.

Biogenie, Entwickelungsgeschichte des Lebens.

Biologie, die Wissenschaft vom Leben in seinen verschiedenen Erscheinungen: als Pflanze, Tier und Mensch (Botanik, Zoologie, Anthropologie).

Biomechanik, der Zweig der Biologie, der bemüht ist, die Prinzipien der Mechanik auf die Biologie zu übertragen.

böse ist das, was als Gegensatz des Guten gewertet wird. Personifiziert im Typhon der Ägypter, im Ahriman des Persismus, im Satan des Juden- und Christentums. S. gut.

Brahman, das schöpferische und erhaltende Prinzip in der indischen Philosophie.

Buddhismus, die Lehre Buddhas. Prinzipien: Einheit des Alls, Nichtigkeit und Unwirklichkeit des individuellen Daseins, der Außenwelt (»Schleier der Maja«),

Wiedergeburt, Seelenwanderung, Askese, Mitleidsmoral, Nirwana (Eisler).

Buridans Esel. Der Scholastiker Buridan (Paris 1300 – 1358) suchte die Unmöglichkeit der Willensfreiheit durch das Beispiel eines hungrigen Esels zu erläutern, der, zwischen zwei gleich große, gleich weit entfernte Heubündel gestellt, verhungern würde.

C.

Causa, Ursache. C. efficiens, wirkende Ursache. C. finalis, Zweckursache. C. sui, Ursache seiner selbst, nennen die Scholastiker ihren Gott, nennt Spinoza seine Substanz.

Chaos, ein ungeordneter Zustand, besonders auf einen mythischen Urzustand der Welt angewendet, aus dem sich diese erst allmählich (resp. durch die Tätigkeit eines »Schöpfers«) zum geordneten »Kosmos« gebildet habe. Beides sind relative Begriffe: die Welt ist zu keiner Zeit weder völlig ein Kosmos, noch völlig ein Chaos. Oder vielmehr: in einem (als möglich gedachten) Allbewußtsein existieren diese Gegensätze nicht; es ist »jenseits von Chaos und Kosmos«.

Charakter, ursprünglich Gepräge; dann die in allen Einzelheiten hervortretende Eigentümlichkeit eines Dinges, das eigentümliche Wesen, die eigentümliche Art des Seins und Wirkens, sodann der feste Grundzug des Wollens und Handelns, Willenstärke. »Charakter im großen und kleinen ist, daß der Mensch demjenigen eine stete Folge gibt, dessen er sich fähig fühlt« (Goethe). Von Charakter spricht man, »wenn eine Persönlichkeit von bedeutenden Eigenschaften auf ihrer Weise verharrt und sich durch nichts davon abwendig machen läßt«. (Goethe). Eine Hauptbedingung der

Charakterfestigkeit ist körperliche Gesundheit und physische Kraft (Wundt, Ethik); das wird bei der Beurteilung eines Charakters selten bedacht. Nicht zu verwechseln mit Charakterfestigkeit ist Starrheit, die mit der Dummheit verschwistert ist.

Circulus vitiosus, Zirkelbeweis, ein Beweis mittelst Voraussetzungen, in denen das zu Beweisende schon enthalten ist.

Cogitation, Denken.

cogito, ergo sum (ich denke, also bin ich), der Fundamentalsatz der Cartesianischen Philosophie. Lichtenberg bemerkt dazu: »Wir kennen nur die Existenz unserer Empfindungen, Vorstellungen und Gedanken. Es denkt, sollte man sagen, so wie man sagt: es blitzt. Zu sagen: cogito, ist schon zu viel, wenn man es mit ›Ich denke‹ übersetzt. Das Ich anzunehmen, zu postulieren, ist praktisches Bedürfnis.«

Coincidentia oppositorum, Zusammenfall der Gegensätze, soll nach Nikolaus von Kues, Giordano Bruno und Schelling in Gott stattfinden. Vgl. z. B. Chaos und gut.

Common sense, Gemeinsinn, gesunder Menschenverstand, auch: auf das Gemeinwohl gerichteter Sinn.

Conclusio, Schluß, Schlußfolgerung.

Conditio sine qua non, unerläßliche Bedingung.

Consensus, Übereinstimmung C. gentium, allgemeine Ü. Ist kein Beweisgrund für die Wahrheit einer Idee.

Contradictio, Widerspruch. C. in adjecto, Widerspruch im Beiwort, z. B. hölzernes Eisen.

contradictorisch, durchaus entgegengesetzt.

credo, quia absurdum est, ich glaube es, gerade weil es unvernünftig, widersinnig ist; dem Kirchenvater Tertullian zugeschriebener Ausspruch. Nietzsche verwandelt es für ihn und seinesgleichen in: credo, quia absurdus sum, ich glaube, weil ich vernunftlos bin.

Cynismus, die Philosophie und Lebensweise der Cyniker, die in extremster Bedürfnis- und Kulturlosigkeit gipfelt, in der Verachtung und auch geflissentlichen Verhöhnung aller sog. »Kulturgüter«, von »Anstand«, »Sitte« usw.

D.

Daimonion nennt Sokrates eine innere Stimme, die im entscheidenden Augenblick vor Fehltritten, sittlichen Verirrungen warnt. Der D. des Sokrates ist nicht gleichbedeutend mit dem christlichen »Gewissen«, das, im Diesseits garnisonierend, vom Jenseits abhängig ist (Knapp), sondern mit der »großen Vernunft« Nietzsches, der intuitiven Erkenntnis des Rechten. Vgl. Zarathustras Rede von den »Verächtern des Leibes«.

Daltonismus, s. Farbenblindheit.

Dämmerzustand, teilweise Bewußtseinstrübung.

Dämonen, Geister.

Darwinismus, im weitesten Sinn die entwickelungsgeschichtliche Auffassung der Welt überhaupt, also gleichbedeutend mit Evolutionismus; sodann die Lehre von der natürlichen Entstehung der Lebewesen (Deszendenz- oder Abstammungstheorie); im eigentlichen Sinn die Lehre von der Entstehung der Arten durch Variation und natürliche Zuchtwahl im Kampf ums Dasein (Selektionstheorie). Darwin, Die Entstehung der Arten.

Deduktion, Ableitung eines Besonderen aus einem Allgemeinen (Gegensatz: Induktion). Wenn nicht das Allgemeine durch Erfahrung (Induktion, Intuition) gewonnen ist, hat die D. keinen Wahrheitswert. Nach

Mill besteht daher die deduktive Methode aus drei logischen Operationen: Induktion, Syllogismus, Verifikation. Kant unterscheidet die empirische D., d. h. die Erklärung der Art, wie ein Begriff durch Erfahrung und Reflexion über dieselbe erworben wird, von der transzendentalen D., d. h. die Erklärung der Art, wie sich Begriffe a priori auf Gegenstände beziehen können.

Definition, die Erklärung eines Begriffs; sie geschieht durch Angabe des Gattungsbegriffes (Oberbegriff, genus proximum) und der Angabe der Artunterschiede. Was Kant sagt: »die Philosophie wimmelt von fehlerhaften Definitionen« (Kr. der r. V.), gilt noch heute. Nominaldefinitionen (Worterklärungen) geben nur eine Umschreibung oder Übersetzung, z. B. Psychologie ist Seelenlehre; Realdefinitionen (Sacherklärungen) gehen durch Angabe der Merkmale eines Begriffes auf das Wesen der darunter verstandenen Sache ein, auf die Bedeutung des Begriffswortes.

Deismus, die Meinung, welche einen Gott als Urgrund der Welt annimmt, ihm aber keinen Eingriff in den Weltlauf gestattet, und ebenso jede Offenbarung verwirft. Hauptvertreter: Herbert von Cherbury, Toland, Tindal, Shaftesbury, Voltaire, Rousseau, Reimarus.

Demiurg, Weltbildner, Weltbaumeister heißt bei Platon Gott als Bildner der Welt. Die Gnostiker nannten D. den vom höchsten Gott unterschiedenen Schöpfer der materiellen Welt und identifizierten ihn mit dem Judengott.

Demokratie, Herrschaft des Volkes, des Volksganzen. S. Aristokratie.

Demonstration, Beweis.

Demoralisation, Entsittlichung, sittliche Verwilderung.

Demut, eine subjektive Tugend, die dem Gefühl einer unendlichen Aufgabe entspringt (Wundt).

Denken, im allgemeinen der (geregelte, aber auch ungeregelte) Ablauf der Vorstellungen gegenüber dem Anschauen oder Wahrnehmen, dem Ablauf der Empfindungen. Logisch die Bildung von Urteilen, Begriffen, Schlußfolgerungen. Ziehen lehrt: »Wir können nicht denken, wie wir wollen, sondern wir müssen denken, wie die gerade vorhandenen Assoziationen bestimmen.« Im Gegensatz dazu Wundt, der der Apperzeption (s. d.) eine Rolle zuschreibt. Bei Spinoza ist das Denken ein Attribut (s. d.) der Substanz. Die Identität von Denken und Sein lehrt die metaphysische Identitätslehre von Hegel. Nach Prantl, L. Geiger, Lazarus sind Denken und Sprechen dem Wesen nach eins: »Alles Denken ist entweder ein Dialog oder ein Monolog, denn das Wort, hörbar oder unhörbar, ist für das Denken die unablösliche Form seines Inhalts« (Lazarus). Die Ethik des Denkens ist die Logik, die Logik der Tat die Ethik. Vgl. auch Cogito, ergo sum.

Denkgesetze, die allgemeinsten Regeln, nach denen sich das Denken vollzieht, im logischen Denken vollziehen soll; nach Mach: Definitionen des richtigen Denkens. Als D. führt die Logik auf: die Sätze der Identität, des Widerspruchs, des ausgeschlossenen Dritten und des zureichenden Grundes (s. d.).

Denkgläubige nennt Goethe die Menschen, die wissenschaftliches Denken und religiösen Glauben in sich zu vereinigen suchen. Das Glaubensbekenntnis eines solchen Menschen nennt er »eine betrübende Erscheinung, weil es auf Halbheit und kümmerlicher Akkommodation beruht«. Man müsse entweder den Glauben an die Tradition festhalten, ohne sich auf ihre Kritik einzulassen, oder wenn man sich der Kritik ergebe, jenen Glauben aufgeben. Ein Drittes sei nicht denkbar (zum Kanzler v. Müller).

Denklehre ist die Logik (s. d.).

Denkorgane, s. Lokalisation.

Denkmaschine ist das Gehirn.

Dependenz, Abhängigkeit.

Depression, seelischer Tiefstand, seelische Niedergeschlagenheit, Niedergedrücktheit. Affekte der D. sind Traurigkeit, Kummer und Sorge.

Desintegration, Sonderung, das Gegenteil von Integration (s. d.).

Deskription, Beschreibung.

deskriptiv, beschreibend.

Deszendenztheorie, Abstammungslehre, die Lehre von der natürlichen Entstehung der Tier- und Pflanzenarten im Gegensatz zur Schöpfungslehre. S. Darwinismus, Evolution und Selektionstheorie.

Determination, Bestimmung, Bestimmtsein (des Willens). Die logische D. ist die Hinzufügung von Merkmalen zu einem allgemeineren Begriff (Gattungsbegriff), wodurch ein enger begrenzter Artbegriff entsteht. Gegensatz: Abstraktion.

Determinismus, die Lehre von der durchgängigen Bestimmtheit des Willens durch Ursachen, Ablehnung der Lehre von der Willensfreiheit (s. d.).

deutlich ist ein Begriff, von dem alle Merkmale gewußt werden.

Dialektik, eigentlich die Kunst der Unterredung, dann die Kunst der Entwickelung von Sätzen aus Begriffen, im weitesten Sinn soviel wie Logik; bei den Sophisten die Kunst der Überredung ohne Rücksicht auf Wahrheit, »Logik des Scheins«, »eine sophistische Kunst, seiner Unwissenheit, ja auch seinen vorsätzlichen Blendwerken den Anstrich der Wahrheit zu geben, dadurch, daß man die Methode der Gründlichkeit, welche die Logik vorschreibt, nachahmt und ihre Topik zur Beschönigung jedes leeren Vorgebens benutzt« (Kant). Schopenhauer versteht unter D. die Kunst des auf gemeinsame Erforschung der Wahrheit, namentlich der philosophischen, gerichteten Gesprächs.

Dialektiker, einer, der in der dialektischen Kunst erfahren ist (s. Dialektik).

Diallele heißt eine Definition, welche das zu Definierende zur Erklärung verwendet, z. B. Selbstbewußtsein ist das Bewußtsein um sich selbst.

dianoëtische Tugenden nannte Aristoteles die Tugenden, die aus vernünftiger Einsicht entspringen (Weisheit, Einsicht, Klugheit), zum Unterschied von den ethischen, die auf Gemüt und Charakter beruhen (Tapferkeit, Selbstbeherrschung, Wohlwollen usw.).

Dianoia, Denkkraft, Vernunft.

Dichotomie, zweigliedrige Einteilung.

Differenz, Unterschied, Verschiedenheit.

Differenzierung, Ausbildung von Verschiedenheiten, Differenzen; ein Prinzip der Entwickelungslehre.

Dilemma, im weiteren Sinn: Schwierigkeit der Wahl zwischen zwei Dingen (volkstümlich: in der Klemme sitzen). In der Logik ein Schluß von der Art: Wenn A. wäre, so müßte B. oder C. sein. Weder B. noch C. sind. Also ist A. nicht.

Dimension, Ausdehnung. Der Raum ist dreidimensional, die Zeit hat nur eine Dimension. Vielleicht ist die Zeit die vierte D. des Raumes.

Ding (ens), nach Kant derjenige Gegenstand, welcher Realität hat. Wundt definiert: »Gegenstände oder Dinge sind von unserem Willen unabhängige Komplexe von Empfindungen, denen räumliche Selbständigkeit und zeitliche Stetigkeit zukommt.« Ostwald: »ein Erlebnis, das wir von anderen als getrennt oder unterscheidbar empfinden.«

Ding an sich, das Ding, wie es unabhängig von einem erkennenden Subjekt, für sich selbst besteht. Kant erklärt: »Was die Dinge an sich sein mögen, weiß ich nicht und brauche es auch nicht zu wissen, weil mir doch niemals ein Ding anders als in der Erscheinung vorkommen kann.« Schopenhauer hält den Willen zum Leben für das Ding an sich. Mach u. a. verwerfen den Begriff überhaupt. Wundt erklärt: »Verstehen wir unter D. a. s., wie es, wenn dieser Ausdruck eine berechtigte Bedeutung besitzen soll, sein muß, den Gegenstand unmittelbarer Realität, so ist uns als solcher gegeben das denkende Subjekt in der, wie uns die innere Wahrnehmung zeigt, völlig unteilbaren Tätigkeit des Denkens und Wollens.«

dionysisch, s. apollinisch.

disjunkt sind gegensätzliche Begriffe, die unter ein und denselben Gattungsbegriff fallen: Mann —Weib: Mensch.

disjunktiv, gegensätzlich. Disjunktive Urteile sind Urteile mit disjunkten Begriffen: A. ist entweder B. oder C. Ein disjunktiver Schluß hat die Form: A. ist entweder B. oder C. A. ist B., oder: A. ist nicht B. Also ist A. nicht C., oder: Also ist A=C.

Diskrepanz, Verschiedenheit.

diskret, im Gegensatz zu kontinuierlich: unzusammenhängend, unterbrochen. Diskrete Größen sind z. B. die ganzen Zahlen.

Diskursiv oder sukzessiv, nennt man das Denken deshalb, weil es nie gleichzeitig mehrere Verbindungen vollzieht, sondern in einem einzigen Akte immer nur von einer bestimmten Vorstellung zu einer einzigen anderen fortschreiten kann (Wundt). D. ist eine Erkenntnis durch Begriffe, im Gegensatz zur intuitiven Erkenntnis durch Anschauung.

disparat heißen Begriffe, die keinem gemeinsamen Gattungsbegriff unterstehen.

Disposition, Anordnung, Einteilung, Plan; in der Psychologie soviel wie Gemütsstimmung, Anlage; korrespondiert der physischen (physiologischen) D.

Dissipation, Zerstreuung; Gegensatz: Konzentration.

Dissonanz, Zweiklang, ein Zusammenklang, der nicht zur Einheit verschmilzt, sondern als Doppelklang empfunden wird.

distinkt, deutlich, unterschieden. Distinktion, Unterscheidung.

Division, Einteilung, die Zerlegung eines Gattungsbegriffes in seine Artbegriffe.

Dogma, philosophischer Lehrsatz, Behauptung; im Neuen Testament: kaiserliche Verordnung, gesetzliche Bestimmung, Konzilsbeschluß. Die christlichen Dogmen sind nach Harnack »die begrifflich formulierten und für eine wissenschaftlich-apologetische Behandlung ausgeprägten christlichen Glaubenslehren, welche die Erkenntnis Gottes, der Welt und der Heilsveranstaltungen Gottes zu ihrem Inhalt haben«. — Sehr richtig bemerkt Schopenhauer: »Bei guten Taten, deren Ausüber sich auf Dogmen beruft, muß man immer unterscheiden, ob diese Dogmen auch wirklich das Motiv dazu sind, oder ob sie nichts weiter als die scheinbare Rechenschaft sind, durch die jener seine eigene Vernunft zu befriedigen sucht, über eine aus ganz anderer Quelle fließende gute Tat, die er vollbringt, weil er gut ist, aber nicht gehörig zu erklären versteht.« (Anwendung auf die Ethik des Christentums!)

Dogmatik, systematische Darstellung von Dogmen.

Dogmatiker, ursprünglich diejenigen Philosophen, welche, im Gegensatz zu den Skeptikern, positive Wahrheiten lehrten. S. dogmatisch.

dogmatisch nennt Kant eine Metaphysik, welche ohne vorhergehende Prüfung des Vermögens oder Unvermögens der Vernunft, ob sie selbst möglich sei, darauf los phisosophiert. »Die Kritik ist nicht dem dogmatischen Verfahren der Vernunft und ihrer reinen Erkenntnis als Wissenschaft entgegengesetzt (denn diese muß jederzeit d., d. i. aus sicheren Prinzipien a priori strenge beweisend sein), sondern dem *Dogmatismus*, d. i. der Anmaßung, mit einer reinen Erkenntnis aus Begriffen … ohne Erkundigung der Art und des Rechts, wodurch sie dazu gelangt ist, allein fortzukommen.« Dogmatismus ist also das dogmatische Verfahren der reinen Vernunft, ohne vorangehende Kritik ihres eigenen Vermögens.

Doktrin, systematische Lehre.

Dominanten nennt der Botaniker Reinke die personifizierten, nicht unter den Begriff der Energie zu fassenden richtenden Triebkräfte in den Lebewesen, welche die gewöhnlichen Energien so leiten und lenken, daß ein bestimmter Zweck erreicht wird. — Dominante ist die beherrschende, richtunggebende Komponente eines Geschehens.

Dominantvorstellung, Leitvorstellung. Das aufmerksame Denken ist nach Ziehen nichts anderes als die von einer D. beherrschte Ideenassoziation.

Dualismus, Zweiheitslehre, die Weltanschauung, welche zur Erklärung der Welt im ganzen oder einzelnen zwei als durchaus verschieden aufgefaßte Prinzipien annimmt: Gott und Welt, Materie und Geist (Physisches und Psychisches), Seele und Leib, Naturnotwendigkeit und Willensfreiheit, Diesseits und Jenseits (Welt und »Hinterwelt«).

Dualität, Zweiheit.

Dummheit. »Der Mangel an Urteilskraft ist eigentlich das, was man D. nennt, und einem solchen Gebrechen ist gar nicht abzuhelfen« (Kant). D. in dem hier bezeichneten Sinne kann sehr wohl bei großer Gelehrsamkeit bestehen.

Dynamiden, Krafteinheiten, Kraftpunkte.

Dynamik, die Lehre von den Kräften und Bewegungen.

dynamisch, durch innere lebendige Kraft wirkend oder auf solcher beruhend. Die dynamische Weltanschauung (Dynamismus) führt alles auf Kräftewirkungen zurück. Die dynamische Auffassung der Materie betrachtet diese als Wirkung von Kräften.

Dysteleologie, Lehre von den unzweckmäßigen Verhältnissen in der Natur (z. B. Blinddarm), die von Haeckel als Gegenbeweis der Teleologie entgegengestellt wird.

E.

Egoismus, in übler Bedeutung: die rücksichtslose Selbstsucht, Eigenliebe, die sich, rein um des persönlichen Genusses willen, gegenüber den berechtigten Ansprüchen anderer durchsetzt und in der Wahl ihrer Mittel unbedenklich ist. (Gegensatz: Altruismus.) Im edleren Sinn: der Trieb zur Erhaltung und Steigerung, zur höchsten Ausbildung der Persönlichkeit in leiblicher und seelischer Hinsicht, der sich vollendet in der »schenkenden Tugend«: wie alles, was das soziale Wesen (die Gesellschaft) von Gütern hervorbringt, zur Erhöhung der egoistischen Persönlichkeit dienen muß, so kommt das Werk der egoistischen Persönlichkeit wieder dem sozialen Wesen zugute (monistische Synthese von Egoismus und Altruismus, von Individualismus und Sozialismus). Dieser E. ist für jeden gleichermaßen Pflicht und Recht. Sehr richtig bemerkt Wundt: »Die Förderung des eigenen Selbst, wenn sie in einem höheren Sinn als dem der bloßen Befriedigung sinnlicher Triebe verstanden wird, setzt zweifellos mehr Aufopferung und Entsagung voraus als die gewöhnlichen, mit einem Minimum von eigenen Opfern verbundenen Betätigungen des Mitleids.«

»Sie schelten einander Egoisten;
will jeder doch nur sein Leben fristen;

wenn der und der ein Egoist,
so denke, daß du es selber bist.
du willst nach deiner Art bestehn,
mußt selber auf deinen Nutzen sehn!
dann werdet ihr das Geheimnis besitzen,
euch sämtlich untereinander zu nützen.« (Goethe.)

egozentrisch ist ein Mensch, der in allem das eigene Ich in den Mittelpunkt stellt.

Eidola, Bilderchen, die nach Demokrit und Epikur sich von den Dingen loslösen und zu den Sinnesorganen gelangen, wo sie die Wahrnehmungen darstellen.

Eigenschaft, das, was einem Ding eigen ist, was als Teilvorstellung notwendig zu dem Vorstellungskomplex »Ding« gehört; dieses besteht in dem Zusammen »seiner« Eigenschaften, aus dem die einzelne E. durch die Vorstellung oder das Wort herausgehoben wird.

Einbildung, s. Phantasie.

Einbildungskraft nennt Kant das Vermögen, einen Gegenstand auch ohne dessen Gegenwart in der Anschauung vorzustellen.

Eindeutigkeit, die feste Bestimmtheit eines Geschehens. Als das Gesetz der E. formuliert Petzoldt den Satz: »Für jeden Vorgang lassen sich Bestimmungsmittel auffinden, durch die er eindeutig bestimmt ist, derart, daß man zu jeder Variation dieses Vorgangs, die man durch dieselben Mittel bestimmt denken wollte, mindestens noch eine finden könnte, die dann in gleicher Weise bestimmt, ihr somit gleichwertig wäre und also gleichsam dasselbe ›Recht‹ auf Verwirklichung hätte wie jene.«

Einheitsweltanschauung, s. Monismus.

Einsicht, eine der vier Kardinaltugenden der griechischen Philosophie, bei Epikur die Haupttugend und Quelle aller übrigen. Epikurs Philosophie der Lebensfreude.

Eklektizismus nennt man ein philosophisches Verfahren, welches aus verschiedenen Systemen das richtig Erscheinende auswählt und mehr oder weniger zu einem System zusammenarbeitet. »Wo der E. aus der inneren Natur des Menschen hervorgeht, ist er ebenfalls gut und ich werde ihm nie einen Vorwurf machen« (Goethe).

Ekpyrosis, das zu Feuer (Äther) werden aller Dinge nach Ablauf einer Weltperiode (Äon), wie es Heraklit und die Stoiker lehrten; der E. folgt eine Neuentwickelung.

Ekstase, Außersichsein, Verzückung, der höchste, dem Wahnsinn nahe Grad der Begeisterung. in dem sich die Existenz des Menschen in ein einziges Gefühl zusammendrängt.

Eleaten, griechische Philosophenschule, gestiftet von Xenophanes aus Kolophon zu Elea in Unteritalien. Sie lehrten die Einheit, Einfachheit und Unveränderlichkeit des Seins, dem gegenüber alles durch die Sinne Gegebene bloßer Schein sei. E. waren außer dem Stifter: Parmenides aus Elea, Zenon aus Elea und Melissos aus Samos.

Elektrizität. Goethe sagt von ihr: »Sie ist das durchgehende allgegenwärtige Element, das alles materielle Dasein begleitet und ebenso das atmosphärische. Man kann sie sich unbefangen als *Weltseele* denken« (Zur Meteorologie, 1825). Die Forschung der Gegenwart, welche die Materie als »geronnene Elektrizität« betrachten lehrt und sie in allem Geschehen als das eigentlich Wirkende aufzeigt, gibt die wissenschaftliche Bestätigung zu Goethes intuitiver Erkenntnis.

Elemente, die nicht weiter zerlegbaren Bestandteile von Körpern oder psychischen Zuständen. Die Alten nahmen vier oder fünf »Elemente« an: Feuer (Licht), Luft, Wasser, Erde, wozu bei Aristoteles u. a. noch der Äther kam. Die etwa 80 Elemente der modernen Chemie, Grundstoffe der Materie, sucht man auf ein einziges Urelement zurückzuführen, aus dem sie sich entwickelt haben; das sog. periodische System der Elemente, die Umwandlung mancher »Elemente« in andere (Radium) und andere Tatsachen stützen diese Versuche.

Als psychische Elemente betrachtet Wundt die Empfindungen und einfachen Gefühle. Nach Cornelius ist das Gegebene nicht eine Summe psychischer Elemente, sondern die einheitliche zusammenhängende Erfahrung, innerhalb deren wir, auf dem Wege der Abstraktion, Elemente unterscheiden.

Elenchus, Gegenbeweis, Widerlegung. Ignoratio elenchi, ein Fehler in der Beweisführung, der darin besteht, daß das zu Beweisende außer acht gelassen wird.

Emanation, Ausfluß, Ausströmung. Nach der Lehre der Neuplatoniker und Gnostiker ist die Welt eine E. der Gottheit, die aber dabei unverändert bleibt. Nach Jamblichus geht aus dem Urgrund das Eine, aus diesem die intelligible Welt, aus dieser die intellektuelle Welt mit dem Geist, aus diesem die Seele, aus dieser die Sinnenwelt hervor.

Embryologie, Entwickelungsgeschichte der Individuen; richtiger als Ontogenie bezeichnet. Sie verläuft gemäß dem Biogenetischen Grundgesetz (s. d.).

Emotion, Gemütsbewegung.

Empfindung heißt ein psychisches Element unter der Voraussetzung, daß ein Empfundenes (Objekt) in ihm gegenwärtig ist (vgl. dagegen Vorstellung). Gegenstand der Empfindung sind die sinnlichen Qualitäten. Sie sind die psychische Seite einer durch ein Objekt hervorgerufenen Nervenerregung. James nennt Empfindung »ein erstes in der Genesis des Bewußtseins. Die E. entstehen als die unmittelbaren Bewußtseinsresultate der Nervenströme, sobald diese im Gehirn eintreffen und bevor sie suggestive und assoziative Wirkungen in bezug auf frühere Erfahrung hervorgerufen haben. Solche unmittelbare E. können nur in den ersten Tagen des Lebens wirklich gegeben sein«. Nach Spinoza ist in jeder Empfindung ein subjektiver und ein objektiver Faktor enthalten (Ethik II). Oft wird »E.« auch noch an Stelle von »Gefühl« gebraucht, zu Unrecht.

Empirem, Erfahrungssatz.

Empirie, Erfahrung; empirisch, auf Erfahrung beruhend. Empiriker ist, wer seine Erkenntnis durch Erfahrung und Experiment gewinnt, meist mit der besonderen Bedeutung: der bei der reinen Erfahrung stehen bleibt und keine Lust hat, zu theoretisieren.

Empiriokritizismus heißt das von R. Avenarius begründete philosophische System der reinen Erfahrung, ein kritischer Empirismus, der die Erfahrung von allen metaphysischen Beimengungen reinigen will. Verneint einen prinzipiellen Unterschied von physisch und psychisch, Subjekt und Objekt, Bewußtsein und Sein.

empirisch, s. Empirie.

Empirismus, diejenige philosophische Richtung, welche alle Erkenntnis bloß aus Erfahrung (Empirie) ableitet.

empiristisch, dem Empirismus gemäß.

Encyklopädisten heißen die französischen Aufklärer, welche die »Encyclopédie ou dictionnaire raisonné des sciences, des artes et des métiers« (1751–1772) herausgaben und schrieben: d'Alembert, Diderot, Holbach u. a.

Endursache, Causa finalis, s. Zweck.

Energetik, Lehre von der Energie. Die energetische Naturanschauung führt alles auf Energie zurück, auch die Materie, auch den Geist.

energetischer Imperativ, allgemeiner, von Wilhelm Ostwald formulierter Satz, der negativ besagt: Vergeude keine Energie! positiv in der Forderung gipfelt, die in der Natur vorhandene freie Energie der Erhaltung und Erhöhung, dem Glücksbedürfnis der Menschheit dienstbar zu machen, soweit es nur immer möglich ist, bevor sie als gebundene Energie (in der vollendeten Entropie) ihre Wirkungsfähigkeit verloren hat.

Energie, Wirkfähigkeit, Arbeitsfähigkeit, Kraft. Man unterscheidet aktuelle oder wirkende Energie (kinetische E). und potentielle oder ruhende Energie: die potentielle E. des Pulvers setzt sich, wenn ein Funke hinzukommt, in aktuelle Energie um. Das Gesetz von der Erhaltung der E. besagt, daß bei aller Wandlung der Energieformen die Summe der vorhandenen Energiemenge weder vermindert noch vermehrt wird. Vgl. auch Entropie und Substanz. — Den aktuellen Wert eines psychischen Erlebnisses zusammen mit dessen Fähigkeit, zur Erzeugung neuer Werte beizutragen, nennt Wundt »psychische E.«; er statuiert ein »Gesetz des Wachstums der geistigen Energie« in dem Sinne, daß die Erfolge der Willenshandlungen zwar stets durch bestimmte psychische Ursachen determiniert sind, daß sie aber in diesen Ursachen selbst nicht schon enthalten sind.

Energie, spezifische, nennt man die Tatsache, daß jedes Sinnesorgan immer dieselbe Empfindungsqualität hervorbringt, wenn auch die äußeren Reize verschieden sind. So mag der Sehnerv durch Licht, Elektrizität oder mechanisch gereizt werden, das Resultat ist immer eine Lichtempfindung. Die Lehre von den spezifischen Sinnesenergien ist durch den Physiologen Johannes Müller (1801–1858) begründet worden.

Enge des Bewußtseins, Ausdruck für die Tatsache, daß zu ein und demselben Zeitpunkt immer nur eine geringe Zahl unterschiedener Vorstellungen bewußt sind.

Engramm, s. Mneme.

Ens, Wesen, Ding. Ens realissimum, das allerrealste Wesen, der Inbegriff aller möglichen Realitäten (Gott).

Entelechie, bei Aristoteles ein Prinzip, welches das Mögliche erst zum Wirklichen macht. Die Seele ist nach ihm die erste E. des Organismus: der Körper, der an sich nur die »Fähigkeit« habe, zu leben und zu empfinden, wird durch die E. wirklich lebend und empfindend. Die E. wirkt zielbewußt.

Enthusiasmus, Begeisterung, »die Idee des Guten mit Affekt« (Kant).

Enthymem, verkürzter Schluß, bei dem eine Prämisse nicht ausgesprochen wird.

Entität, Wesenheit.

Entropie heißt der Teil der Energie eines geschlossenen Systems, der sich nicht mehr in mechanische Energie umsetzen läßt. Der Entropiesatz heißt: Die E. des Weltalls strebt einem Maximum zu. Nach Helmholtz: »Wenn das Weltall ungestört dem Ablauf seiner physikalischen Prozesse überlassen wird, wird endlich aller Kraftvorrat in Wärme übergehen und alle Wärme in das Gleichgewicht der Temperatur kommen. Dann ist jede Möglichkeit einer weiteren Veränderung erschöpft, dann muß vollständiger Stillstand aller

Naturprozesse von jeder nur möglichen Art eintreten.« Dieser Satz gilt jedoch nur unter der Voraussetzung, daß das Weltall ein geschlossenes System darstellt, und auch für ein geschlossenes System ist die absolute Gültigkeit des Entropiesatzes insofern bezweifelt worden, als man begründetermaßen daran gedacht hat, daß das Weltall nach erreichtem Entropiemaximum wieder zu einem Entropieminimum zurückkehren könne. Vgl. Poincaré, Moderne Physik. Arrhenius, Das Weltall.

Entwickelung, s. Evolution.

Epagoge, eine Beweisführung, welche die Wahrheit eines Satzes dadurch beweist, daß sie die Wahrheit dessen, was aus ihm folgt, darlegt. Gegensatz: Apagoge (s. d.).

Epigenese, s. Präformation.

Epikureismus, die Philosophie der Epikureer, deren Hauptprinzipien sind: Naturalismus, Atomismus, Mechanismus, Sensualismus, in der Ethik die Lust, die aber nicht, wie man den Epikureern immer wieder vorwirft, in der bloßen Sinnenlust gesucht wird, sondern im Freisein von seelischen Schmerzen. Epikurs Philosophie der Lebensfreude.

Epiphänomenon, hinzukommende, eigentlich nicht notwendige Nebenerscheinung. Als ein E. wird von manchen das Bewußtsein betrachtet.

Erfahrung, s. Empirie.

Ergonomie, Arbeitsteilung.

Erhaltung der Energie, der Materie, der Substanz, s. d.

Erinnerung ist das, was wieder eine »Innerung« wird, d. h. das Wiederauftreten einer Vorstellung im Bewußtsein, »ein Wissen um ein Erlebnis oder eine Tatsache, verbunden mit dem Bewußtsein, daß wir sie früher schon gedacht und erfahren haben« (James). Sie erklärt sich aus der Assoziation. Ziehen beschreibt die Erinnerungsbilder als »Residuen früherer sensibler Erregungen«.

Eristik, die Kunst des Disputierens, »die geistige Fechtkunst, in Regeln gebracht« (Schopenhauer: Eristische Dialektik oder Die Kunst, Recht zu behalten. Seit 1983 im Haffmans Verlag).

Erkenntnis, nach Kant: ein Urteil, aus welchem ein Begriff hervorgeht, der objektive Realität hat, d. i. dem ein korrespondierender Gegenstand in der Erfahrung gegeben werden kann. Alle menschliche Erkenntnis ist auf mögliche Erfahrung beschränkt, ist »sinnlich«; eine Erkenntnis des Transzendenten, Metaphysischen, ist unmöglich. Das transzendentale a priori in der Erkenntnis ist das, was wir selbst in sie hineinlegen, also die Formen der Erkenntnis.

Nach Riehl ist E. das »mittelbare, durch bewußte Denkakte hervorgebrachte, von Reflexionen begleitete Wissen«. Erkennen heißt nach demselben »das Geschehen auf das Sein, auf beharrliche Elemente und unveränderliche Begriffe des Geschehens, die wir Gesetze der Natur nennen, zurückführen«. Alle menschliche Erkenntnis fängt mit Anschauungen an, geht von da zu Begriffen und endigt mit Ideen (Kant).

Erkenntnistheorie, derjenige Teil der Philosophie, welcher die Bedingungen und die Tragweite (Gültigkeit) des Erkennens untersucht. Zuweilen wird unterschieden zwischen E. und Erkenntniskritik. Diese fragt nach der Möglichkeit und den Grenzen der Erkenntnis, jene setzt diese Möglichkeit bereits voraus und sucht den Ursprung und die Entwickelung des menschlichen Erkennens zu erforschen (Jerusalem). Hegel erklärt mit Recht: »Die Untersuchung des Erkennens kann nicht anders als erkennend geschehen, bei diesem sogenannten Werkzeuge heißt dasselbe untersuchen nichts anderes als es erkennen. Erkennen wollen aber, ehe man erkennt, ist ebenso ungereimt, als der weise Vorsatz jenes Scholastikers, schwimmen zu lernen, ehe er sich ins Wasser wage.«

Erkenntnisvermögen unterscheidet Kant drei: Verstand, Urteilskraft, Vernunft.

Erklärung, oft soviel wie Definition, oder Beschreibung eines Zusammengesetzten nach seinen Einzelheiten; erkenntnistheoretisch die Angabe der Ursachen und Gesetze, durch welche Tatsachen oder Vorgänge bedingt und bestimmt sind, d. h. die Einordnung in die Statik und Dynamik des Naturganzen. Nach einigen ist jede E. eine Beschreibung; so ist es nach Kirchhoff die Aufgabe der Mechanik, »die in der Natur vor sich gehenden Bewegungen zu beschreiben, und zwar vollständig und auf die einfachste Weise zu beschreiben«.

Eine Sache erklären heißt nach Schopenhauer: ihren gegebenen Bestand oder Zusammenhang zurückführen auf irgendeine Gestaltung des Satzes vom Grunde, der gemäß er sein muß, wie er ist.

Erlebnisse heißen neuerdings die psychischen Vorgänge, durch welche einem Subjekt etwas bewußt wird (Eisler).

Erscheinung (Phänomen), allgemein: alles, was sinnlich wahrgenommen wird; erkenntnistheoretisch die Vorstellung in ihrer Abhängigkeit vom erkennenden Subjekt, im Gegensatz zum sog. »wahren Sein«, das, was der E. nach Abzug des Subjektiven zugrunde liegen soll.

Erschleichung, s. Subreption.

Erste Ursache. »Diejenigen, welche vorgeben, die letzten, d. h. die ersten Gründe der Dinge, also ein Urwesen, Absolutum, oder wie sonst man es nennen will, nebst dem Prozeß, den Gründen, Motiven, oder sonst was, infolge welcher die Welt daraus hervorgeht oder quillt, oder füllt, oder produziert, ins Dasein gesetzt, ›entlassen‹ und hinauskomplimentiert wird, zu erkennen, — treiben Possen, sind Windbeutel, wo nicht gar Scharlatane« (Schopenhauer, Welt als Wille und Vorstellung). Haeckel erklärt (in seiner Natürlichen Schöpfungsgeschichte): »Wir gelangen nirgends zu einer Erkenntnis der letzten Gründe.«

Erziehung. Sie hat die Aufgabe, eine junge Generation in die Menschheitskultur einzuführen und sie fähig zu machen, dieselbe in selbständiger Arbeit zu erhalten und weiter zu führen. Über E. vgl. Spencer, Die Erziehung in intellektueller, moralischer und physischer Hinsicht.

esoterisch, nur für Eingeweihte bestimmt. Gegensatz: exoterisch.

Esprit fort, starker Geist, d. h. Freigeist, Freidenker.

Essenz (Essentia), Wesen, Wesenheit.

Ethik, Sittenlehre, Moralwissenschaft, die Wissenschaft vom Sittlichen, von dem, was gut ist oder nicht gut. Sie ist zunächst beschreibend und erklärend, sodann aber auch normativ, Normen, Vorschriften, Gesetze aufstellend, indem sie aus den Gesetzen des Lebens und den Existenzbedingungen darlegt, welche Arten des Handelns notwendigerweise Glück und welche Unglück zu erzeugen streben (Spencer). Sie ist Individualethik oder Sozialethik, je nachdem sie sich auf ein Individuum oder auf die menschliche Gesellschaft bezieht; beide sind jedoch nichts für sich, da das Individuum nur durch die Gesellschaft und diese nur durch die Individuen besteht. S. gut und böse, auch Norm, Harmonie.

Ethikotheologie, der Versuch, das Dasein Gottes aus der »moralischen Weltordnung« zu beweisen (als ob es eine »moralische Weltordnung« schon gäbe).

ethisch, soviel wie sittlich, das Sittliche oder die Ethik betreffend.

Ethos, Sitte, Charakter. Ethologie, Sittengeschichte.

Eudämonie, Glückseligkeit.

Eudämonismus, diejenige ethische Theorie, welche die Glückseligkeit als Motiv und Ziel alles Strebens betrachtet — mit Recht. S. Glück.

Euhemerismus, die Lehre, daß die Götter ursprünglich nichts als menschliche Heroen gewesen seien; begründet von dem Kyrenaiker Euhemeros (300 v. Chr.).

Euphorismus, eine von Müller-Lyer (Der Sinn des Lebens, 1910) begründete Philosophie (Religion?), welche die vollkommene Persönlichkeit im vollkommenen Staat als das letzte Ziel, als den Sinn des Lebens betrachtet, und das Mittel zur Verwirklichung dieser höchsten Ideale in der Kulturbeherrschung findet, in einer höher bewußten Form des sinnvollen Zusammenwirkens und der gegenseitigen Hilfe.

Evidenz, Augenscheinlichkeit, Einsicht, höchste Gewißheit. »Ein Begriff ist richtig, ein Urteil wahr, ein Körper real, ein Verhältnis evident.« (Schopenhauer.)

Evolution, Entwickelung.

Evolutionismus, entwickelungsgeschichtliche Betrachtungsweise. Die evolutionistische Weltanschauung betrachtet Welt und Leben als einen großen Entwickelungsprozeß, der nach ewigen ehernen großen Gesetzen abläuft.

Ewigkeit, die unbegrenzte Zeitdauer.

exakt, vollendet, genau. Exakte Wissenschaften begnügen sich nicht mit ungefähren Abschätzungen, hypothetischen oder spekulativen Annahmen, sondern streben nach genau bestimmten, womöglich mathematisch demonstrierbaren Erkenntnissen.

Exaltation, Übererregung.

Existenz, Dasein.

exoterisch, für Außenstehende, Nichteingeweihte, Laien; populär. Gegensatz: esoterisch.

Experiment, Versuch, die willkürliche, planmäßige Komposition von Bedingungen zum Studium der davon abhängigen Erscheinungen.

experimentell, auf dem Wege des Experiments, das Exp. zu Grunde legend.

Experimentum crucis, entscheidendes Experiment.

explicite, entfaltet, ausdrücklich.

Explikation, Erklärung.

extensiv, ausgedehnt. Extension, Ausdehnung.

extramental, außerhalb des Bewußtseins.

extramundan, außerweltlich.

F.

Fanatismus, der leidenschaftliche Eifer in der Vertretung einer Idee oder Überzeugung, der jede entgegenstehende Idee oder Überzeugung als feindselig betrachtet und mit Feindseligkeit erwidert.

Farbenblindheit (Daltonismus), der Mangel an Empfindungsfähigkeit für alle (totale) oder für bestimmte Farben (partielle). Bei der totalen F. werden nur Helligkeitsunterschiede empfunden; sie wird auf Fehlen oder Funktionsunfähigkeit der Zapfen in der Netzhaut zurückgeführt. Bei Violettblindheit wird Violett und Gelb gleich empfunden. Rotblinde sehen Rot, Orange und Grün als Gelb von verschiedener Sättigung, Violett und Indigo als Blau. Die Grünblinden unterscheiden ebenfalls nur zwei Farbenqualitäten, die sie als Blau und Rot bezeichnen.

Fatalismus, die Meinung, daß alles Geschehen, auch das menschliche, so kommen muß, wie es von einem blinden Schicksal (Fatum) vorausbestimmt, verhängt ist, ohne Rücksicht auf die Selbstbetätigung des Menschen. Kant erklärt: »Keine Notwendigkeit in der Natur ist blinde, sondern bedingte, mithin verständliche Notwendigkeit: es gibt kein Fatum« (R.V.).

Fatum, Schicksal, blinde Naturnotwendigkeit.

faule Vernunft; darunter versteht Kant jeden Grundsatz, welcher macht, daß man seine Naturuntersuchung, wo es auch sei, für schlechthin vollendet ansieht und die Vernunft sich also zur Ruhe begibt als ob sie ihr Geschäft völlig ausgerichtet habe (R.V.).

Fetischismus, die Vergöttlichung und Verehrung eines irgendwie auffallenden Gegenstandes, in dem ein Geist hausend gedacht wird.

Fiktion, Erdichtung, unbegründete Annahme.

Finalität, das Geschehen oder die Betrachtung des Geschehens unter dem Gesichtspunkt des Zweckes; final: auf Zwecke gerichtet, zielstrebig.

fixe Idee, eine festgewurzelte falsche Idee, die durch nichts zu berichtigen oder zu beseitigen ist.

Fluidum, Flüssigkeit, etwas Ausströmendes.

Folge, das, was aus einem andern (seinem Grunde) folgt. Im Goetheschen Sprachgebrauch soviel wie Konsequenz.

Formen der Anschauung sind nach Kant Raum und Zeit, Formen des Denkens die Kategorien (s. d.); sie sind a priori und subjektiv. — Die Formen der Dinge sind Funktionen ihrer chemisch-physikalischen Beschaffenheit.

formal (formell), förmlich, zur Form gehörig, auf die Form bezüglich.

Formalismus heißt diejenige Geistesrichtung, welche das Wesen der Dinge in der Form erblickt, über der Form den Inhalt vernachlässigt oder vergißt; eine Alterskrankheit der Moral, Jurisprudenz und Religion.

Freidenker sind diejenigen, die sich von herkömmlichen (konventionellen) Ansichten, Meinungen, Bewertungen frei machen, namentlich in religiöser Hinsicht, und ihrem eigenen vernünftigen und wissenschaftlich, d. h. erfahrungsmäßig begründeten Denken vertrauen.

Freiheit, der Zustand der Unabhängigkeit, Autonomie, Gegenteil von Zwang. Spinoza definiert: Frei ist das, was bloß vermöge seiner eigenen Natur existiert und bloß durch sich selbst zum Handeln bestimmt wird. Freiheit ist nach Goethe das Vermögen, unter allen Umständen das Vernünftige zu tun. S. auch Willensfreiheit. — Die Natur entwickelt sich im Menschen seit dem ersten Aufdämmern der Kultur in der ältesten Steinzeit mehr und mehr von der Gebundenheit zur Freiheit. Vollkommen frei wird der Mensch erst dann sein, wenn er sich durch Erkenntnis zur Allnatur erweitert hat; erst dann wird er seiner Natur gemäß handeln können und von niemandem gezwungen.

freisteigend nennt Herbart eine Vorstellung, die rein durch ihr eigenes Streben auftritt, ohne assoziative Hilfe.

Freude ist nach Spinoza Lust, entsprungen aus der Vorstellung eines vergangenen Dinges, über dessen Ausgang wir im Zweifel waren. — Schopenhauer bemerkt: »Über keinen Vorfall sollte man in großen Jubel oder große Wehklage ausbrechen, teils wegen der Veränderlichkeit aller Dinge, die ihn jeden Augenblick umgestalten kann, teils wegen der Trüglichkeit unseres

Urteils über das uns Gedeihliche oder Nachteilige, infolge welcher fast jeder einmal gewehklagt hat über das, was nachher sich als sein wahres Bestes auswies, oder gejubelt über das, was die Quelle seiner größten Leiden geworden ist«.

Funktion, Tätigkeit, Verrichtung; im mathematischen Sinn das Abhängigkeits-Verhältnis zweier veränderlicher Größen (Variablen), die sich in Korrelation miteinander ändern, ohne daß sie in einem Kausalverhältnis stehen: wenn sich a verändert, so verändert sich auch b; die Veränderung von b ist eine Funktion der Veränderung von a.

Furcht ist nach Spinoza eine beständige Unlust, entsprungen aus der Vorstellung eines zweifelhaften Dinges. »Nur soweit einer die Furcht überwindet, ist er ein Mensch« (Emerson).

G.

Gattung, eine systematische Kategorie, die eine Reihe untergeordneter Dinge (Arten) umfaßt, deren gemeinsame Merkmale den Inhalt des Gattungsbegriffes bilden.

Gebote, sittliche, s. Normen.

Gedächtnis, die Fähigkeit, psychische Erlebnisse, die einmal aufgetreten sind, wieder zu erneuern, zu reproduzieren. Das Gedächtnis beruht ganz und gar auf Gehirnbahnen; seine Güte in einem bestimmten Individuum hängt teilweise von der Anzahl und teilweise von der Festigkeit dieser Bahnen ab (James). Auf eine Art von G. führen manche Biologen die Vererbungserscheinungen zurück (s. Mneme).

Gefühl, der subjektive Zustand der Lust oder Unlust (oder eine oszillatorische Mischung von beiden), welcher eine Empfindung oder Vorstellung, oder irgendeine Veränderung des leiblich-seelischen Wesens begleitet. Nach Lipps (Ethische Grundfragen) »der unmittelbare Bewußtseinsreflex der Weise, wie ein seelischer Vorgang in das Ganze der Seele sich einfügt«. Was einem Organismus (oder dem Ganzen einer Seele) gemäß ist (nützlich, zuträglich, fördernd), erzeugt das Gefühl der Lust, das Gegenteil Unlust.

Gefühlston, das mit einer einfachen Empfindung verbundene Gefühl.

gegeben ist etwas, das ohne unser Zutun als Tatsache oder als Bewußtseinsinhalt auftritt.

Geist im Gegensatz zur Materie das Psychische, Seelische, im besonderen das »höhere« Seelenleben, die Denkkraft und Vernunft. Ursprünglich als feinster Stoff gedacht, sodann als »immaterielle Substanz«. Nach Eucken ist der Geist der bei sich selbst befindliche Lebensprozeß; nach Fechner das Innensein dessen, was von außen als Körperliches erscheint. S. auch Seele. »Licht und Geist, jenes im Physischen, dieser im Sittlichen, sind die höchsten denkbaren unteilbaren Energien« (Goethe).

Geisteswissenschaften nennt man diejenigen Wissenschaften, die geistige Prozesse und Gebilde zum Gegenstand haben, also Psychologie, Geschichte, Philologie, Soziologie, Ästhetik. Ihre Aufgaben beginnen da, wo der Mensch als wollendes und denkendes Subjekt ein wesentlicher Faktor der Erscheinungen ist (Wundt). Da jedoch der Mensch mitsamt seinem »Geist« ein Naturwesen ist, so läßt sich eine strenge Unterscheidung von G. und Naturwissenschaft nicht aufrecht erhalten.

Gemeingefühl (Gemeinempfindung) heißt das Gefühl, das aus dem gesamten körperlich-seelischen Zustand eines Menschen resultiert.

Gemüt, die gefühlsmäßige Seite des Seelenlebens im Unterschied zur Intelligenz, der verstandesmäßigen, »die Gesamtheit des von dem Vorstellen und Denken abhängigen Fühlens« (Jodl). Bei Kant bezeichnet das Wort noch auch das gesamte Seelenleben, Bewußtsein.

Gemütsbewegungen, Erregungen des Gemütes durch stärkere Gefühle, Affekte und Leidenschaften.

Generalisation, Verallgemeinerung.

Generatio aequivoca oder spontanea, Urzeugung.

generell, allgemein, die Gattung betreffend, im Gegensatz zu speziell.

generisch, zur Gattung gehörig. Gegensatz: spezifisch.

genetisch, der Ursprung, die Entwickelung betreffend, Entwickelungs-.

Genie bezeichnet den höchsten Grad geistiger Begabung, die sich kund gibt als außerordentliche Kraft der Auffassung (Intuition), der Kombination und Darstellung des Aufgefaßten. Nach Kant: »die musterhafte Originalität der Naturgabe eines Subjekts im *freien* Gebrauche seines Erkenntnisvermögens« (U. 200). Nach Schopenhauer ist Genialität »die Fähigkeit, sich rein anschauend zu verhalten, sich in der Anschauung zu verlieren und die Erkenntnis, welche ursprünglich nur zum Dienste des Willens da ist, diesem Dienste zu entziehen, d. h. sein Interesse, sein Wollen, seine Zwecke ganz aus den Augen zu lassen, sonach seiner Persönlichkeit sich auf eine Zeit völlig zu entäußern, um als *rein erkennendes* Subjekt, klares Weltauge, übrig zu bleiben; und dieses nicht auf Augenblicke, sondern so anhaltend und mit so viel Besonnenheit, als nötig ist, um das Aufgefaßte durch überlegte Kunst zu wiederholen.« »Daraus, daß die Erkenntnisweise des Genies wesentlich die von allem Wollen und seinen Beziehungen gereinigte ist, folgt, daß die Werke desselben nicht aus Absicht oder Willkür hervorgehen, sondern es dabei geleitet ist von einer instinktartigen Notwendigkeit.« »Ungewöhnliche Stärke der Phantasie ist Begleiterin, ja Bedingung der Genialität: der Genius bedarf der Phantasie, um in den Dingen nicht das zu sehen, was die Natur wirklich gebildet hat, sondern was sie zu bilden bestrebt war.« »Der mit Genie Begabte opfert sich in seinen Werken ganz für das Ganze. Daher ist er frei von der Verbindlichkeit, sich im einzelnen für einzelne zu opfern. Dieserwegen kann er manche Anforderung abweisen, die andere billig erfüllen müssen. Er leidet und leistet doch mehr als alle andern.« — Die Ähnlichkeit zwischen dem Genie und einerseits der Kindheit, andererseits dem Wahnsinn beruht darauf, »daß sie in einer anderen Welt leben, als die für alle vorhanden ist«.

Genus proximum, die nächsthöhere Gattung; s. Definition.

geozentrisch ist die Weltansicht, welche die Erde zum Mittelpunkt der Welt macht.

Geschichtsphilosophie, die Untersuchung und Darstellung der allgemeinsten Prinzipien des historischen Geschehens.

Geschmack, die Fähigkeit zu ästhetischem Urteil.

Gesetz im naturwissenschaftlichen Sinn ist die Konstatierung einer konstanten Beziehung, gewisse Bedingungen als konstant vorausgesetzt. Nach Helmholtz der allgemeine Begriff, unter den sich eine Reihe von gleichartig ablaufenden Naturvorgängen zusammenfassen läßt. Hinter den Naturgesetzen einen »Gesetzgeber« suchen, zeugt von einer unglaublich oberflächlichen Verwechselung der Naturgesetze im oben definierten Sinn mit den von Menschen getroffenen Bestimmungen und Festsetzungen.

Gesinnung, die allgemeine Richtung des Denkens, Fühlens und Wollens eines Menschen.

Gewissen, ursprünglich (mittelhochdeutsch) die Gesamtheit des Wissens, dann das ethische Bewußtsein, das dunkle Gefühl oder das mehr oder weniger klare Wissen um Recht und Unrecht, Gut und Böse im eigenen Tun, um das, was uns als Einzel- und Gesellschaftswesen gemäß ist. Nach Wundt »innere Zustände, deren selbstbewußter Ausdruck zu einem Urteil über die eigenen Motive und den eigenen Charakter des wollenden Subjektes wird«. »Der einzelne Gewissensakt kann Gefühl, Affekt, Trieb, Urteil sein; ein Gewissen aber, das außerhalb dieser einzelnen Akte, etwa als ein Seperatvermögen der menschlichen Seele existierte, gibt es nicht.«

Gewißheit (Evidenz), der Charakter des sicheren Wissens, der manchen Denkinhalten beigelegt wird. Die G. ist eine subjektive (im Glauben), eine objektive (in der Wissenschaft), eine unmittelbare (auf Anschauung, eigener Wahrnehmung, eigenem Erleben beruhend), oder mittelbare, historische oder logische (durch Bericht oder Denkarbeit gewonnen).

Glaube, ein subjektives Fürwahrhalten, dem die objektive Begründung fehlt, »ein Fürwahrhalten aus einem Grunde, der zwar objektiv unzureichend, aber subjektiv zureichend ist« (Kant). Der Autoritätsglaube stützt sich auf wirkliche oder vermeintliche Autoritäten, der Vernunftglaube auf eigene wirkliche oder vermeintliche Vernunft. Der religiöse Glaube wie der wissenschaftliche »Glaube« (Vermutung, Hypothese) stützen sich beide auf Tatsachen; aber während dieser mit seinen Voraussetzungen und Schlußfolgerungen im Erkennbaren (Natürlichen) bleibt, transzendiert jener ins Unerkennbare (Metaphysische). Der Glaube fängt an, wo das Wissen aufhört; er wird zum Aberglauben, sobald er dem objektiven Wissen (der Wissenschaft) widerspricht.

Glück (Glückseligkeit, Eudämonie), der leiblichseelische Zustand, in dem sich der Mensch in seinem Denken, Fühlen und Wollen in Übereinstimmung mit sich selbst, mit dem Grundcharakter seiner Persönlichkeit befindet. S. auch Eudämonismus. Nach Spinoza ist die Glückseligkeit nichts anderes als die Zufriedenheit des Geistes, welche aus der intuitiven Erkenntnis Gottes entspringt; sie ist nicht der Lohn der Tugend, sondern die Tugend selbst. Die Grundlage der Tugend ist aber das Bestreben, sein eigenes Sein zu erhalten, und das Glück besteht darin, daß der Mensch sein Sein zu erhalten vermag. Kant definiert: »Glückseligkeit ist der Zustand eines vernünftigen Wesens in der Welt, dem es, im ganzen seiner Existenz, alles nach Wunsch und Willen geht, und beruht also auf der Übereinstimmung der Natur zu seinem ganzen Zweck, imgleichen zum wesentlichen Bestimmungsgrunde seines Willens.«

Gnosis, die religiöse Erkenntnis, die vermeintlich über aller Erkenntnis stehen soll. Die katholischen Gnostiker der christlichen Kirche (Clemens Alexandrinus, Origines) wollten nur den Glauben durch Spekulation stützen; die häretischen Gnostiker verwandelten ihn durch Vermischung mit altorientalischen, besonders persischen und syrischen Religionsvorstellungen, jüdischer Theologie, platonischer, stoischer und pythagoräischer Philosophie in eine kunterbunte phantastische Mystik.

Gott, ein gedachtes Wesen, dem übermenschliche, übernatürliche Eigenschaften und Kräfte zugeschrieben werden, die es dazu benutzt, in den Weltlauf und in die Menschenschicksale ändernd einzugreifen. »Das Wort Gott, ehrlicherweise gebraucht, bezeichnet eine von der Welt verschiedene und getrennte Weltursache, mit Hinzufügung der Persönlichkeit. Ein unpersönlicher Gott ist eine contradictio in adjecto« (Schopenhauer). Die Götter der Menschen sind Wunsch- und Phantasiegebilde, denen der Mensch seine eigenen

Fähigkeiten und Eigenschaften ins Absolute erweitert beilegt, in denen die Grenzen seines Seins und Wirkens aufgehoben sind. »Der Gottesglaube wurzelt im Egoismus« (Schopenhauer). — »Gott = Gefühl von Menschenwürde objektiviert« (Goethe). Der monistische »Gott« (als Ideal, nicht als existierend gesetzt) ist die im Menschen zur völligen Selbsterkenntnis und Selbstherrschung gekommene Natur. Siehe Polytheismus, Theismus, Deismus, Pantheismus und Atheismus; auch erste Ursache.

Gottesbeweise, »Beweise« für das Dasein Gottes; sie sind von Kant in seiner Kritik der reinen Vernunft dargelegt und als völlig hinfällig erwiesen worden: das Dasein eines Gottes ist schlechterdings unbeweisbar. Da aber der Beweis einer Behauptung demjenigen zufällt, der die Behauptung aufstellt, so kann der Atheist, nachdem er die »Beweise« des Theisten als nichtig zurückgewiesen hat, diesen sich selbst überlassen. Die vier hauptsächlichsten G. sind:

1. Der ontologische Beweis; schließt von der Idee eines höchsten Wesens auf dessen Dasein. Kant antwortet: »Ihr habt schon einen Widerspruch begangen, wenn ihr in den Begriff eines Dinges, welches ihr lediglich seiner Möglichkeit nach denken wolltet, es sei unter welchem versteckten Namen, schon den Begriff der Existenz hineinbrachtet; aber ein Mensch möchte wohl ebensowenig aus bloßen Ideen (Einbildungen) an Einsichten reicher werden, als ein Kaufmann an Vermö-

gen, wenn er, um seinen Zustand zu verbessern, seinem Kassenbestande einige Nullen anhängen wollte. Es ist also an diesem ontologischen Beweis vom Dasein eines höchsten Gottes aus Begriffen alle Mühe und Arbeit verloren.«

2. Der kosmologische Beweis; schließt von der Bedingtheit aller Dinge und Vorgänge der Welt auf ein letztes Bedingendes, einen Gott als Schöpfer. »In diesem Argument hält sich ein ganzes Nest von dialektischen Anmaßungen verborgen, welches die transzendentale Kritik leicht entdecken und zerstören kann.« Die augenscheinlichste Wertlosigkeit dieses Beweises liegt »in der falschen Selbstbefriedigung der Vernunft in Ansehung der Vollendung dieser Reihe«; die Annahme einer letzten Bedingung ist eine Willkür. S. auch erste Ursache.

3. Der teleologische Beweis; schließt aus der behaupteten Zweckmäßigkeit des Kosmos auf einen zwecksetzenden Weltenbaumeister. Kant weist nach, daß die »Physikotheologen«, nachdem sie eine gute Strecke auf dem Boden der Natur und Erfahrung fortgegangen sind und sich gleichwohl immer noch ebensoweit von dem Gegenstande sehen, der ihrer Vernunft entgegenscheint, sie plötzlich mit einem mächtigen Sprung diesen Boden verlassen und ins Reich bloßer Möglichkeiten übergehen. »Wenn man also für die Naturwissenschaft und in ihren Kontext den Begriff von Gott hineinbringt, um sich die Zweckmäßigkeit der

Natur erklärlich zu machen und hernach diese Zweckmäßigkeit wiederum braucht, um zu beweisen, daß ein Gott sei, so ist in keiner von beiden Wissenschaften innerer Bestand, und eine täuschende Diallele bringt jede in Unsicherheit dadurch, daß sie ihre Grenzen ineinander laufen läßt.« Der teleologische Beweis fällt aber schon mit seiner Annahme, daß die Natur zweckmäßig eingerichtet sei; daß dies nicht der Fall ist, beweist die Dysteleologie (s. d.). »Die traurige Beschaffenheit der Welt läßt sich nicht damit vereinigen, daß sie das Werk vereinter Allgüte, Allweisheit und Allmacht sei« (Schopenhauer).

4. Der moralische Beweis schließt aus dem Vorhandensein eines sittlichen Bewußtseins auf einen Urheber desselben, und aus der Unerreichbarkeit des sittlichen Ideals auf einen Bürgen für die Erreichung in einem Leben nach dem Tode. Die moralische Teleologie jedoch bedarf, da die Zweckbeziehung in uns selbst a priori samt den Gesetzen derselben bestimmt, mithin als notwendig erkannt werden kann, zu diesem Behufe keiner verständigen Ursache außer uns für diese innere Gesetzmäßigkeit, so wenig, als wir bei dem, was wir in den geometrischen Eigenschaften der Figuren für allerlei mögliche Kunstausübung Zweckmäßiges finden, auf einen ihnen dieses erteilenden höchsten Verstand hinausfahren dürfen. »Wie der Mensch in Erklärung einzelner Naturphänomene über die Natur hinausschreitet und außerhalb derselben sucht, was nur in

ihrer inneren Gesetzmäßigkeit kann gefunden werden, ebenso schreitet er in Erklärung des Sittlichen über die Vernunft hinaus und verscherzt seine Menschheit, indem er auf diesem Weg eine Gottheit sucht« (Schiller). Überdies vermag die entwickelungsgeschichtliche Betrachtung des Sittlichen und der Ideale sowohl eine vernunftgemäße Theorie über die Entstehung des Sittlichen wie eine trostreiche Prognose für die Erreichbarkeit der Ideale aufzustellen, ohne eines transzendenten Faktors zu bedürfen.

Grenzbegriffe, Begriffe, welche die Grenzen der möglichen Erfahrung bezeichnen, ohne aber andererseits etwas Positives außer dem Umfang derselben setzen zu können. Vgl. Kant, R.V.

Grund, ein Gedanke, aus dem ein anderer Gedanke (die Folgerung) abgeleitet werden kann. Vom logischen oder Erkenntnisgrund wird der Realgrund unterschieden, der den Gedanken vom Erfahrungsinhalt abhängig macht. Der »Satz vom zureichenden Grunde« fordert für jedes Urteil einen Grund; er ist der logische Ausdruck des Kausalprinzips.

gut und böse. Spinoza, dessen Beweisführung wir uns zu eigen machen, versteht unter gut (nützlich) das, wovon wir gewiß wissen, daß es ein Mittel ist, uns dem Ideal der menschlichen Natur, das wir uns bilden, mehr und mehr zu nähern; unter böse (schlecht) dagegen das, wovon wir gewiß wissen, daß es uns hindert, diesem Ideal ähnlich zu werden. Nur von dem, was in Wahrheit zur Erkenntnis führt, oder uns an der Erkenntnis hindert, wissen wir gewiß, daß es gut oder schlecht ist. Die höchste Erkenntnis besteht aber darin: sich und alle Dinge, die in den Bereich des Denkens fallen können, adäquat zu begreifen. Sofern etwas mit unserer Natur übereinstimmt, und also Lust erzeugt, was zu unserer Erhaltung und Steigerung dient, insofern ist es notwendig gut. Goethe sagt: »Das Rechte ist das, was mir gemäß ist.« Der berühmte Satz von Kant: »Es ist überall nichts in der Welt, ja überhaupt auch außer derselben zu denken möglich, was ohne Einschränkung könnte für gut gehalten werden, als allein ein guter Wille«, ist eine Formel, ohne Bestimmung dessen, was denn nun gut sei. Die gewöhnliche Betrachtung kehren um Volkmann, Harms u. a.: »Nicht weil wir etwas als gut erkannt haben, wollen wir es, sondern wir erkennen es als gut, weil wir es wollen. Erst durch den Akt des Wollens ist das Gedachte ein Gut.« Das deutsche »gut« hängt mit der nämlichen Wortsippe zusammen, aus der unser »Gatte« entsprungen ist, so daß sich etwa »passend« als die nächste Bezeichnung ergibt. S. Harmonie.

»Daß ihr Menschen, um von einer Sache zu reden, gleich sprechen müßt: »Das ist töricht, das ist klug, das ist gut, das ist bös! Und was will das alles heißen? Habt ihr deswegen die inneren Verhältnisse einer Handlung erforscht? Wißt ihr mit Bestimmtheit die Ursache zu entwickeln, warum sie geschah, warum sie geschehen mußte? Hättet ihr das, ihr würdet nicht so eilfertig mit euren Urteilen sein.« Goethe begibt sich mit diesem Wort, wie später Nietzsche, »jenseits von gut und böse«, d. h. jenseits des konventionellen »gut und böse«, um von einem höheren Standpunkt aus eine neue Bewertung zu suchen.

Güter. Die Güter des menschlichen Lebens zerfallen nach Schopenhauers Einteilung in drei Klassen:

1. was einer ist, also die Persönlichkeit im weitesten Sinn: Gesundheit, Kraft, Schönheit, Temperament, moralischer Charakter, Intelligenz und Ausbildung derselben;

2. was einer hat, also Eigentum und Besitz in jeglichem Sinn;

3. was einer vorstellt, d. h. was er in der Vorstellung anderer ist: Ehre, Rang, Ruhm.

H.

Habitus, Gewohnheit, besonders zur bleibenden Eigenschaft gewordene Gewohnheit. Habituell, gewohnt, zur bleibenden Gewohnheit geworden.

Halluzination, eine Sinnestäuschung, bei welcher eine Erinnerungsvorstellung als aktuelle Sinneswahrnehmung, als objektive Realität beurteilt wird.

Hang, s. Neigung.

haptisch, dem Tastsinn angehörig, Tast ... Z. B. haptische Empfindung, Tastempfindung.

Harmonie, Verbindung einer Vielheit zu einer Einheit, in welcher alles im richtigen Verhältnis zueinander steht, Übereinstimmung, Einklang, Eintracht, Verbindung von Gegensätzen zu einer wohlgeordneten Einheit. »Was besteht, hat eine innere H. in sich, sonst würde es nicht zusammenhalten und bestehen« (Carlyle). — Enharmonie nennt der Botaniker Wiesner die innere Ordnung und Harmonie eines Organismus, welche den Bestand und den normalen Verlauf der Funktionen gewährleistet (innere Anpassung). Ihr gegenüber besteht die Epharmonie in dem harmonischen Verhältnis der Organismen zur Außenwelt, welche ebendieselbe Bedeutung für die Organismen hat. »Die Anpassung eines Organismus an die Außenwelt, seine Epharmonie, ist nur möglich, wenn der betreffende Organismus die Fähigkeit besitzt, unter den gegebenen Verhältnissen zur inneren Harmonie zu gelangen.« Dieser Satz Wiesners läßt sich als das Gesetz der Harmonie oder kurz als das biologische Harmoniegesetz bezeichnen und ergänzen durch den Zusatz: oder wenn der betr. Organismus die Fähigkeit hat, die gegebenen Verhältnisse so zu ändern, daß sie seiner inneren Harmonie entsprechen (so wie es der Mensch als Kulturwesen tut).

Die monistische Ethik fordert:

1. die physische Harmonie (Gesundheit: Hygiene und Rassenhygiene);

2. die Harmonie des Denkens (einheitliche, in sich widerspruchslose Weltanschauung);

3. die Harmonie des Denkens und Fühlens (psychische Harmonie);

4. die Harmonie des Denkens und Seins (Wahrheit der Weltanschauung; Erkenntnistheorie!);

5. die Harmonie des Denkens und der Denkoffenbarung in Wort und Tat (Wahrhaftigkeit der Lebensführung);

6. die soziale Harmonie (Ehe, Nation, Menschheit: Sozialismus);

7. die Harmonie der Menschheit mit der Natur (kosmische Harmonie; ihre Vollendung = Gott; s. d.).

Gut ist, was die Harmonie fördert und erhält, schlecht oder böse, was sie stört, ihre Herstellung hindert. Das absolut Gute wird durch die höchste Harmonie (7) bestimmt.

Leibniz stellt den Begriff der »prästabilierten Harmonie« auf, nach welcher Gott die Beziehungen von Leib und Seele, die nicht kausal aufeinander bezogen sind, von vornherein so geordnet hat, daß ein harmonisches, obwohl nur paralleles Geschehen beider zustande kommt (zwei Uhren, die genau gleich geregelt sind). Auch die voneinander völlig unabhängigen, selbständigen, in keiner Kausalbeziehung stehenden Monaden wirken infolge einer prästabilierten H. in einer gesetzmäßigen Form zusammen.

Haß ist nach Spinozas Definition Unlust, verbunden mit der Idee einer äußeren Ursache.

häßlich ist im Gegensatz zu schön (s. d.) das ästhetisch Mißfallende.

Hedonismus, eine ethische Richtung, welche die Lust (hedone) als das Motiv und als das Ziel alles Handelns betrachtet. Hedoniker sind die Kyrenaiker (Aristip), die Epikureer, welche die körperliche und geistige Lust gleicherweise pflegen, beide mit Einsicht, der geistigen aber den Vorzug vor der körperlichen geben, ja, bescheiden genug, das Wesen der Lust in das Freisein von körperlichen und seelischen Schmerzen zu finden. (Vgl. Epikurs Philosophie der Lebensfreude.)

Hegemonikón, das Herrschende, heißt bei den Stoikern die höchste denkende und wollende Seelenkraft, welche die andern Seelenkräfte zur Einheit zusammenfaßt.

Heimarmene heißt das Schicksal bei griechischen Philosophen.

Hemmungszentren, gewisse Partien des Gehirns (Vierhügel, verlängertes Mark), durch deren Einfluß Reflexbewegungen gehemmt werden.

Henotheismus, die Verehrung eines einzigen Stammesgottes, welche den Glauben an die Götter anderer Stämme nicht ausschließt.

Hesychie, Ruhe, Stille; Gemütsruhe; das ruhige Abwarten einer Entscheidung.

heterogen, einer anderen Gattung angehörend, ungleichartig. Gegensatz: homogen.

Heterogonie, das Hervorgehen aus einem anderen, fremden. H. der Zwecke nennt Wundt die allgemeine Erfahrung, nach der sich das Verhältnis der Wirkungen zu den vorgestellten Zwecken so darstellt, daß in den ersteren stets noch Nebenaffekte gegeben sind, die in den vorausgehenden Zweckvorstellungen nicht mitgedacht waren, die aber gleichwohl in neue Motivreihen eingehen und auf diese Weise entweder die bisherigen Zwecke umändern oder neue zu ihnen hinzufügen. Mit Wilhelm Busch:

Erstens kommt es anders,
zweitens als man denkt.

Heteronomie, der Gegensatz von Autonomie (s. d.).

Heterozetesis, eine verfängliche Frage, die verschieden beantwortet werden kann.

Heuristik, Erfindungskunst, die Anleitung, auf methodischem Wege Neues zu finden.

heuristisch, was zur Auffindung von Neuem (neue Gedanken oder Tatsachen) dient: heuristische Prinzipien, Hypothesen von heuristischem Wert.

Historismus, die relativistische Auffassung der Werte als bloße Entwicklungsprodukte von bloß historischer Geltung (Eisler).

Hodegetik, Einführung, Einleitung.

Hochmut ist nach Spinozas Definition Lust, daraus entsprungen, daß der Mensch eine höhere Meinung von sich hat, als recht ist; oder Lust, entsprungen aus der falschen Meinung, daß der Mensch sich über die andern erhaben dünkt; er entsteht (ebenso wie der Kleinmut) aus geistigem Unvermögen.

Hoffnung ist nach Spinoza unbeständige Lust, entsprungen aus der Vorstellung eines zukünftigen oder vergangenen Dinges, über dessen Ausgang wir im Zweifel sind. Die Affekte der Hoffnung und Furcht können nicht an und für sich gut sein. Furcht und Hoffnung nennt Goethe (Faust II) »zwei der größten Menschenfeinde«. Plato nennt die Hoffnung den »Traum des Wachenden«. »Alles Hoffen geht auf Glückseligkeit« (Kant).

Homöomerien, bei Anaxagoras die letzten qualitativ bestimmten, gleichartigen Elemente der Dinge.

homogen, in sich gleichartig.

Homo sum, nihil humani a me alienum puto: ich bin ein Mensch; nichts Menschliches achte ich mir als fremd, ein Wort Menanders. Von Cicero und Seneca als Prinzip der Humanität anerkannt.

Homologie, Übereinstimmung. In der Biologie sind zwei Organe homolog, wenn sie morphologisch gleichwertig sind, d. h. aus derselben Grundform hervorgegangen sind. Homolog sind z. B. die Flügel der Vögel und die Arme des Menschen, nicht aber auch die Flügel der Insekten, die bloß analog sind, d. h. physiologisch gleichwertig, die gleiche Funktion verrichten.

human, menschlich, im Gegensatz zu tierisch oder bestialisch; s. Humanität.

Humanismus, im Mittelalter (und vielfach noch jetzt) diejenige gelehrte Erziehung, welche die Schriften der Alten, in denen die Idee der Humanität am vollkommensten dargestellt sei, als vornehmste Bildungsmittel benutzt. (Humanistische Fächer, im Gegensatz zu den realistischen.) Neuerdings wird das Wort auch angewendet für die erkenntnistheoretische Lehre, daß all unser Erkennen immer nur menschlich ist, nicht über das Menschsein hinauskann.

Humanität, Menschlichkeit, die sich äußert in der Nächstenliebe, der gegenseitigen Hilfe und Förderung; höchste Entfaltung menschlicher Kultur und Gesittung (Gegensatz: Brutalität, Bestialität); harmonische Ausbildung der dem Menschen eigenen Anlagen des Verstandes und Gemüts. Von der »Humanität«, wie sie das Christentum gepredigt und geübt hat, gilt Goethes Wort: »Ich halte es für wahr, daß die Humanität endlich siegen wird, nur fürchte ich, daß zu gleicher Zeit die Welt ein großes Hospital und einer des andern humaner Krankenwärter sein wird.« Gegen diese Art der »Humanität«, nicht gegen die wahre, zieht Nietzsche ins Feld.

hybride Begriffe, leere Begriffe.

Hyle, Stoff, Materie.

Hylozoismus, eine philosophische Richtung, welche alle Materie als belebt (beseelt) betrachtet, die Anschauung, »daß die Materie nie ohne Geist, der Geist nie ohne Materie existiert und wirksam sein kann« (Goethe). Nach Kant »der Tod aller Naturphilosophie«. Haeckel: »Jedes Atom besitzt eine inhärente Summe von Kraft und ist in diesem Sinne ›beseelt‹. Lust und Unlust, Begierde und Abneigung, Anziehung und Abstoßung müssen allen Massenatomen gemeinsam sein« (Perigenesis).

Hyperästhesie, Überempfindlichkeit.

hyperphysisch, übernatürlich, supranatural.

Hypostase, eigentlich Unterlage, Substanz, dann Grundlegung, auch die Substantialisierung eines Begriffes, eines Abstraktums.

hypostasieren, vergegenständlichen, ein Abstraktum, ein bloßes Merkmal, zu einem Gegenstand machen.

Hypothese, wissenschaftliche (durch Tatsachen begründete) Annahme, welche die lückenhafte empirische Erkenntnis ergänzt, vervollständigt. »Damit eine Wissenschaft von der Stelle rücke, die Erweiterungen vollkommen werden, sind Hypothesen so gut als Erfahrungen und Beobachtungen nötig. Was der Beobachter treu und sorgfältig gesammelt hat, was ein Vergleich in dem Geist allenfalls geordnet hat, vereinigt der Philosoph unter einem Gesichtspunkt, verbindet es zu einem Ganzen und macht es dadurch übersehbar und genießbar. Sei auch eine solche Theorie, eine solche Hypothese nur eine Dichtung, so gewährt sie schon Nutzen genug — und es werden die Lücken einer Erkenntnis nicht eher sichtbar als eben dadurch« (Goethe). Da unser Wissen allenthalben noch fragmentarisch ist, sind Hypothesen nötig, um zu einem gedanklichen Ganzen zu gelangen. Hypothesen sind aber auch Kundschafter, Vorposten der Wissenschaft in noch unbekannten Gebieten; das Ideal, das aber in weiter Zukunft liegt, ist eine hypothesenfreie Wissenschaft, ist vollendete Naturerkenntnis.

hypothetisch, was nicht tatsächlich ist, sondern nur, auf Grund von Tatsachen, angenommen wird; nur bedingungsweise gültig. H. ist ein Urteil, wenn die Gültigkeit des Nachsatzes durch die des Vordersatzes bedingt ist: Wenn A ist, so ist B.

Hysteron Proteron, die Vorwegnahme dessen, was nachfolgen sollte; ein H. P. ist z. B. ein Beweis aus einem Satze, der selbst erst aus dem Bewiesenen hätte abgeleitet werden müssen.

I.

ideal, 1. vorbildlich, einem Ideal (s. d.) angemessen oder nachstrebend. 2. (= ideell) nicht wirklich, nicht real, nur als Idee (s. d.) bestehend.

Ideal, Musterbild, Inbegriff der Vollkommenheit, höchstes Ziel; idealisieren heißt ein unvollkommenes Wirkliches in Gedanken von seinen Unvollkommenheiten befreien, einem Ideal angleichen. — Das höchste Ideal ist die Gottnatur, die im Menschen und durch ihn zur völligen Selbsterkenntnis und Selbstbeherrschung gekommene Natur. S. Gott und gut, auch Harmonie.

Idealismus, in metaphysischer Hinsicht diejenige philosophische Richtung, welche nur der Idee, dem Geistigen absolute Wirklichkeit zugesteht; das Körperliche, Materielle ist danach auch bloß eine Idee, ein Produkt des Geistes; erkenntnistheoretisch: diejenige Ansicht, welche alles Sein nur als Bewußt-Sein anerkennt; ihre Formel: die Welt ist nichts als Vorstellung. »Der dogmatische Idealist würde derjenige sein, der das Dasein der Materie leugnet, der skeptische, der es bezweifelt« (Kant). Der transzendentale I. Kants ist die Lehre von der Idealität äußerer Erscheinungen, nach welcher alle Erscheinungen bloße Vorstellungen und nicht Dinge an sich sind, demgemäß Raum und Zeit nur sinnliche Formen unserer Anschauung, nicht aber für sich gegebene Bestimmungen oder Bedingungen der Objekte als Dinge an sich selbst sind. Dieser I. ist zugleich »empirischer Realismus«, insofern er der Materie als Erscheinung Wirklichkeit zugesteht.

Für das Gebiet des Willens bedeutet I. soviel wie ideale Gesinnung, ideales Streben, die Orientierung des Wollens und Strebens an Idealen. Fehlt diesem I. die realistische Begründung, läßt er die Wirklichkeit außer acht, so wird der Idealist zum Schwärmer, Phantasten.

Idealist, Anhänger des Idealismus; von Idealen erfüllter, nach Verwirklichung von Idealen strebender Mensch. Dem ethischen Idealisten schreibt Kant ins Stammbuch: »In Betracht der Natur gibt uns Erfahrung die Regel an die Hand und ist der Quell der Wahrheit; in Ansehung der sittlichen Gesetze aber ist Erfahrung (leider!) die Mutter des Scheins, und es ist höchst verwerflich, die Gesetze über das, was ich tun soll, von demjenigen herzunehmen oder dadurch einschränken zu wollen, was getan wird.« Dies tut aber der bornierte Philister (s. d.).

Idealität, das Sein als bloße Idee oder Vorstellung; das ideale Sein.

Idee, eigentlich Bild, Gestalt, Anblick: das Bild, das sich der Geist von etwas macht (Vorstellung). Nach Platons Lehre sind die Ideen die ewigen und unveränderlichen Urbilder der Dinge, die Realität besitzen außerhalb des subjektiven Denkens und sich in den Dingen (ihren Schattenbildern, Erscheinungen) verkörpern.

Nach Riehl sind Ideen »nicht Erkenntnisbegriffe; sie fallen nicht in das Gebiet der theoretischen, sie gehören zum Bereich der praktischen Vernunft. Dort, wo die Erforschung von Objekten, die in der Erfahrung gegeben sind, unser Zweck ist, kann ihre Bedeutung nur eine ›regulative‹ sein, sofern sie die Bedingungen oder Regeln angeben, unter denen Einheit oder systematische Vollständigkeit des Wissens zu erzielen ist. Für die praktische Vernunft dagegen sind sie ›konstitutiv‹; sie selbst konstituieren die praktische Vernunft, sie selbst sind die Vernunft, die zugleich Wille ist«. »Sie sind Aufgaben, Willensaufgaben, und allein als Ziele des Schaffens und Handelns müssen sie verstanden werden.« Die Herbartsche Ethik unterscheidet fünf Ideen: die I. der inneren Freiheit, die I. der Vollkommenheit, die I. des Wohlwollens, die I. des Rechts, die I. der Billigkeit.

Ideenassoziation, s. Assoziation.

Identität, Dieselbigkeit, Einerleiheit. Das Identitätsprinzip oder der Satz von der Identität, A = A, verlangt, daß nur Übereinstimmendes begrifflich in Eins gesetzt werden darf, daß jeder Begriff im Verlauf des Denkens derselbe bleibt; es ist »die Forderung der feststehenden Bedeutung der in einem Urteil gebrauchten begrifflichen Symbole« (Cornelius, Einl. i. d. Phil.).

Identitätsphilosophie, diejenige Richtung der Philosophie, welche Denken und Sein, Subjekt und Objekt, Materie und Geist als identisch betrachtet. I. ist die Philosophie Spinozas. »Der Gegensatz von Körper und Geist hat für uns nur noch die Bedeutung entgegengesetzter Richtungen der Betrachtung« (Riehl).

Ideologie, die Lehre von den Ideen; in Frankreich eine an Condillac anknüpfende Art Philosophie, »welche durch eine genaue und systematische Kenntnis der physiologischen und psychischen Organismen und der physischen Welt praktische Regeln für Erziehung, Ethik und Politik festzustellen versucht«. (Ueberweg-Heinze IV.)

Ideologen werden Weltverbesserer genannt, die alles von der »Macht der Idee« erhoffen.

Idiosynkrasie, ursprünglich die eigentümliche Mischung der Körpersäfte, aus welcher das Verhalten der Individuen im gesunden und kranken Zustand erklärt wurde; jetzt versteht man darunter das eigentümliche Verhalten (meist im Sinne von abnorm starker Abneigung) gegenüber Einflüssen, Eindrücken der Außenwelt.

Idiotismus (Idiotie), Blödsinn; aber auch Eigenheiten im Ausdruck einer Sprache.

Idol, Götzenbild, Trugbild, Gegenstand blinder Verehrung. Idole nennt F. Bacon die Vorurteile der Menschen, die der richtigen Erkenntnis im Wege stehen. Die Idole des Theaters beruhen auf dem Autoritätsglauben, die I. des Marktes sind die sozialen, die der Höhle die individuellen, die des Stammes die allgemein menschlichen Vorurteile.

Ignava ratio, faule Vernunft.

Ignorabimus, wir werden es nicht wissen, die Formel des sich überhebenden Nichtwissens, welches die gegenwärtig bestehenden Grenzen des Erkennens zu Grenzen für alle Zukunft machen möchte. Ihr Urheber ist der Physiologe Du Bois-Reymond. Haeckel hat ihr die Formel: Impavidi progrediamur, Unverzagt vorwärts, entgegengestellt. »Es bleibt e. großer Unterschied, ob ich mich an den Grenzen der Menschheit resigniere oder innerhalb einer hypothetischen Beschränktheit meines bornierten Individuums.« (Goethe.)

Ignoratio elenchi, s. Elenchus.

Illusion, Selbsttäuschung, Einbildung; speziell eine Sinneswahrnehmung, die für etwas anderes genommen wird, als sie in Wirklichkeit ist (z. B. ein alter Weidenstamm für eine Menschengestalt). — Illusionen entstehen durch subjektive Veränderungen an dem objektiv Wahrnehmbaren.

Illusionismus, die philosophische Richtung, welche alles Wahre, Gute, Schöne für bloße Illusion, Schein, Täuschung erklären. Das Symbol des I. ist der »Schleier der Maya«.

Imagination, Einbildung, Phantasie.

Imbecillität, Schwachsinn.

immanent, darin bleibend, der Gegensatz von transzendent: was nicht über eine Sache, einen Begriff hinausgeht (transzendiert). Immanent ist z. B. der Vernunftgebrauch, der sich ganz und gar in den Schranken möglicher Erfahrung hält; i. ist eine Ursache, die in dem sich verändernden Dinge selbst liegt; i. ist eine Methode, die sich durch den Gegenstand der Untersuchung selbst bestimmen läßt, eine Kritik, die einen Gedanken von dessen eigenen Voraussetzungen aus beurteilt. Nach Spinoza ist Gott die immanente Ursache der Welt, da sein Gott identisch ist mit der Welt.

Immanenzphilosophie, eine Philosophie, die sich auf das Erfahrbare beschränkt, das im besonderen auf Bewußtseinsinhalte allein bezogen wird.

immateriell, stofflos, körperlos, was nicht materiell ist.

Immoralismus, der Standpunkt des »Jenseits von Gut und Böse«, d. h. relativ genommen: jenseits des gegenwärtigen konventionellen Gut und Böse, oder absolut: das Erhabensein über alle moralische Bewertung. Immoralistisch ist die reine Erkenntnis, die Wissenschaft.

Imperativ, Gebot, Befehl, Gesetz. Der »kategorische I.« verlangt seine Erfüllung unbedingt, ohne irgendwelche Rücksicht. Er lautet nach Kant: »Handle so, daß die Maxime deines Willens jederzeit zugleich als Prinzip einer allgemeinen Gesetzgebung gelten könne.« Dieser Satz ist rein formal; er sagt nicht das mindeste über den Inhalt der Maxime des Willens; diesen hat Shakespeare gegeben in den Worten:

Dies über alles: sei dir selber treu!
Und daraus folgt so wie die Nacht dem Tage:
Du kannst nicht falsch sein gegen irgendwen.

Goethe in dem Wort: »Das Rechte ist das, was dir gemäß ist.« Es ist die Maxime des ethischen Egoismus.

Impossibilität, Unmöglichkeit.

Impression, Eindruck, Sinneseindruck, auch Gefühlseindruck.

Impressionismus nennt Riehl den Positivismus, weil er als einziges Reale die Sinneseindrücke gelten läßt. — Der künstlerische I. sucht die Aufgabe der Kunst in der reinen zusatzlosen Wiedergabe des Sinneseindrucks.

Impuls, Anstoß, Antrieb, Beweggrund; impulsiv, durch Impulse bestimmt.

inadäquat, unangemessen, nicht gemäß. S. adäquat.

Indeterminismus, die Lehre, daß der Wille absolut frei sei, völlig ursachlos aus sich heraus sich entscheide. S. Willensfreiheit.

indifferent, gleichgültig. Indifferentismus, Gleichgültigkeit.

Individualbegriff, ein Begriff, mit dem die Vorstellung nur eines Individuums verbunden ist (z. B. Goethe).

Individualismus, diejenige Richtung des Denkens, Fühlens und Wollens, welche auf das Individuum als solches gerichtet ist, im Gegensatz zum Sozialismus. Der Gegensatz von I. und Sozialismus ist im Monismus aufgehoben; denn die Biologie und Soziologie zeigt, daß der Mensch nichts ist ohne seine Umgebung, ohne die Kulturarbeit seiner Vor- und Mitmenschen, wie umgekehrt die Kulturhöhe und der Kulturfortschritt des sozialen Wesens von der Höhe und dem Fortschritt des Individuums abhängt. — Der historische I. betrachtet die große Persönlichkeit als den Hauptfaktor des historischen Geschehens, im Gegensatz zum Kollektivismus.

Individualität, der Inbegriff der Eigenschaften und Merkmale, wodurch sich ein Wesen als Individuum zu erkennen gibt: die Eigenart; vom Menschen gebraucht soviel wie Persönlichkeit, Eigenpersönlichkeit, im Gegensatz zur unterschiedslosen Masse der Herdenmenschen.

Individualpsychologie, diejenige Richtung der Psychologie, welche das Geistesleben einer Individualität, eines Individuums als für sich bestehend auffaßt, darzustellen und zu erklären sucht. Streng genommen ein Unding, da der Mensch auch in seiner geistigen Natur ein Sozialwesen ist: »Kein Gedanke, kein Wort, keine Tat eines Mannes, die nicht aus allen Menschen zugleich entsprungen ist und früher oder später, erkennbar oder nicht, auf alle Menschen wirkt« (Carlyle). Die Sozialpsychologie betrachtet die Gesellschaft nach ihrer psychischen Struktur.

Individuation, die Sonderung des Allgemeinen in Individuen, Besonderheiten. Prinzip der I. (Principium individuationis): der Existenzgrund von Einzelwesen oder Besonderheiten.

Individuum (eigentlich das Unteilbare), das Einzelwesen, das, was nicht geteilt werden kann, ohne seine Individualität, seine Eigenart und damit seine Eigenexistenz zu verlieren. Diese Definition läßt sich streng genommen nur auf die höheren Tiere anwenden, nicht aber auf die niederen; denn ein Regenwurm z. B. kann geteilt werden, und jedes Teilstück wird selbständig. Der Botaniker Schleiden definiert das I. als »die rein anschauliche Auffassung irgendeines wirklichen Gegenstandes unter einem gegebenen Artbegriff«. — Die Schwierigkeit der Definition des Begriffes I. hat Haeckel veranlaßt, den Begriff als einen relativen aufzufassen und verschiedene Stufen der Individualität aufzustellen. — Als ein werdendes Individuum kann die menschliche Gesellschaft betrachtet werden, die durch fortschreitende Assoziation (Sozialisierung) und damit verbundene Differentiation (Arbeitsteilung) dazu wird.

Induktion, diejenige Verstandesoperation, durch welche wir schließen, daß dasjenige, was für einen besonderen Fall (oder Fälle) wahr ist, auch in allen Fällen wahr sein wird, welche jenem in irgendeiner nachweisbaren Beziehung ähnlich sind (Mill).

Der induktive Schluß schließt also vom Besonderen auf das Allgemeine, vom Speziellen aufs Generelle; er führt immer nur zu Wahrscheinlichkeiten. Der Gegensatz der I. ist die Deduktion.

induktiv, durch Induktion, in der Form der Induktion. Die induktive Methode geht von den Erfahrungstatsachen aus, vergleicht, sucht endlich das Gemeinsame, Generelle, Gesetzmäßige.

Influxus physicus, physischer Einfluß, Wechselwirkung zwischen Leib und Seele.

Inhärenz heißt das Verhältnis der Eigenschaften (Accidentien) zur Substanz, das In- oder An-einem-andern-Sein. Die Accidentien »inhärieren« die Substanz.

Inhalt eines Begriffes ist der Inbegriff seiner Merkmale. S. Begriff.

Inneres der Natur. Kant sagt darüber: »Wenn die Klagen: Wir sehen das Innere der Dinge gar nicht ein, soviel bedeuten sollen als: Wir begreifen nicht durch den reinen Verstand, was die Dinge, die uns erscheinen, an sich sein mögen, so sind sie ganz unbillig und unvernünftig; denn sie wollen, daß man ohne Sinne doch Dinge erkennen, mithin anschauen könne; folglich, daß wir ein von dem menschlichen nicht bloß dem Grade, sondern sogar der Anschauung und Art nach gänzlich unterschiedenes Erkenntnisvermögen haben, also nicht Menschen, sondern Wesen sein sollen, von denen wir selbst nicht angeben können, ob sie einmal möglich, viel weniger, wie sie beschaffen seien. Ins Innere der Natur dringt Beobachtung und Zergliederung der Erscheinungen, und man kann nicht wissen, wie weit dieses mit der Zeit gehen werde.«

Dem Naturforscher Albrecht von Haller gegenüber, von dem das Wort stammt: »Ins Innere der Natur dringt kein erschaffener Geist«, erklärt Goethe:

»Ins Innere der Natur —«
(O du Philister!)
»dringt kein erschaffner Geist« —
Mich und Geschwister
mögt ihr an solches Wort
nur nicht erinnern!
Wir denken: Ort für Ort
sind wir im Innern.
»Glückselig, wem sie nur die äußre Schale weist« —:
Das hör' ich sechzig Jahre wiederholen.
Ich fluche drauf, aber verstohlen;
sage mir tausend, tausend Male:
Alles gibt sie reichlich und gern;
Natur hat weder Kern
noch Schale,
alles ist sie mit einem Male.
Dich prüfe du nur allermeist,
ob du Kern oder Schale heißt.

Innervation, Nervenerregung, die Versorgung resp. Beeinflussung der Sinnesorgane, Muskeln, Drüsen durch Nerven.

Inspiration, Eingebung, Offenbarung von außen her.

Instinkt, ein sehr komplizierter, aber außerhalb des Vorstellungslebens sich vollziehender Reflex oder automatischer Akt (Ziehen). Nach dem Darwinschen Selektionsprinzip erklärt sich die Zweckmäßigkeit der Instinkte dadurch, daß unter den zahlreichen Variationen der Instinktanlagen diejenigen ausgewählt wurden, welche für das Bestehen der Art die nützlichsten waren (Ziegler, Begriff des I.). Die instinktiven Handlungen beruhen auf ererbten Bahnen des Nervensystems, die verstandesmäßigen auf individuell erworbenen Bahnen.

Integration, in der Philosophie Spencers die Veränderung von einem zerstreuten, nichtwahrnehmbaren Zustand in einen konzentrierten; ist verbunden mit einer Zerstreuung der Bewegung. Gegensatz: Desintegration, die Veränderung eines konzentrierten, wahrnehmbaren Zustandes in einen zerstreuten, nicht-wahrnehmbaren Zustand; ist verbunden mit Absorption von Bewegung. Entwickelung in ihrer allerallgemeinsten Form ist I. von Stoff und in Begleitung dieser Vernichtung von Bewegung, während Auflösung die Absorption von Bewegung und die in Begleitung davon auftretende Desintegration von Stoff ist.

Intellekt, Verstand, Denkkraft.

Intellektualismus, 1. soviel wie Rationalismus (s. d.), 2. die Wertung des Intellekts als höchster Geisteskraft. 3. Diejenige psychologische Richtung, welche dem Intellekt die Priorität vor allen sonstigen geistigen Prozessen zugesteht (vgl. Voluntarismus). 4. Der ethische I., welcher die Tugend für ein Wissen hält (Sokrates).

Intellektualität, der Charakter der Intellektuellen.

intellektuell, verstandesmäßig, geistig, auf das Wissen sich beziehend.

Intelligenz, Verständnis, Einsicht in dem Zusammenhang von Ursache und Wirkung, auch die Fähigkeit zu dieser Einsicht. Gegensatz: Dummheit (s. d.).

intelligibel, dem Verstand allein und gar nicht den Sinnen gegeben (Kant). »Transzendente Ideen haben einen bloß intelligiblen Gegenstand, welchen als ein transzendentales Objekt, von dem man übrigens nichts weiß, zuzulassen allerdings erlaubt ist, wozu aber, um es als ein durch seine unterscheidenden und inneren Prädikate bestimmbares Ding zu denken wir weder Gründe der Möglichkeit (als unabhängig von allen Erfahrungsbegriffen), noch die mindeste Rechtfertigung, einen solchen Gegenstand anzunehmen, auf unserer Seite haben, und *welches daher ein bloßes Gedankending ist.*«

intelligible Welt, der Inbegriff der reinen Gedankendinge, der bloßen Ideen (s. intelligibel), eine »bloß gedachte Welt« (Kant).

Intensität, Stärke, Spannungsgrad.

intensiv, von (großer) Intensität.

Intention, Absicht. Intentionalismus ist die Lehre, daß jede Handlung nur nach der Absicht des Handelnden zu beurteilen sei.

Interesse, das Dabeisein, die freie Anteilnahme. Interessant ist für uns, was eine positive oder negative Bedeutung für unser praktisches oder theoretisches Bedürfnis hat (Stout).

Intermundien nannte Epikur die leeren Zwischenräume zwischen den Welten, in denen er seine »Götter« internierte. Vgl. Epikurs Phil. der Lebensfreude.

Interpolation, Einschaltung einzelner Worte, ganzer Sätze oder Abschnitte in einen originalen Schrifttext, der dadurch gefälscht wird. I. nennt Liebmann die hypothetische Ergänzung des erfahrungsmäßig lückenhaften Weltbildes zu einem einheitlichen Ganzen.

Interpretation, Auslegung.

intramundan, innerweltlich.

Introjektion, Einlegung. Avenarius versteht darunter die Tatsache, daß der Mensch »in sich selbst« wie in seine Mitmenschen »Vorstellungen« von Umgebungsbestandteilen als »innere« Zustände hineinlegt, wodurch eine Spaltung der natürlichen Einheit der empirischen Welt in »Innen- und Außenwelt«, »Objekt und Subjekt« erfolgt.

Introspektion, introspektive Beobachtung, Beobachtung der eigenen psychischen Erlebnisse.

Intuition, Anschauung, geistiges Schauen, »eine aus dem inneren Menschen sich entwickelnde Offenbarung« (Goethe); intuitive Erkenntnis: durch Intuition, durch unmittelbare Erfassung des Wesens der Dinge gewonnen; nach Spinoza die höchste Art der Erkenntnis.

Involution, Einwickelung. Gegensatz: Evolution, Aus-, Entwickelung.

involvieren, eigentlich einhüllen, dann einschließen.

ionische Philosophen sind Thales, Anaximander, Anaximenes, Diogenes von Apollonia, Heraklit; sie forschen nach einem materialen Prinzip der Dinge und sind Hylozoisten (s. d.).

Ipsismus, soviel wie Egoismus.

Ironie, Verstellung, spöttische Behauptung vom Gegenteil der eigentlichen Meinung; »die Stimmung des Geistes, welche alles übersieht, sich über alles Bedingte unendlich erhebt, auch über eigene Kunst, Tugend oder Genialität« (Fr. Schlegel).

»... die kosmische Perspektive, wo die göttliche Ironie ihr Wesen treibt« (H. S.).

Irradiation, Einstrahlung oder Ausstrahlen einer Reizung auf die benachbarten Gebiete.

Irrationale, das Unvernünftige, Widervernünftige, nicht mit dem logischen Verstand zu Erfassende.

Irreligion, Religionslosigkeit.

Irritabilität, Erregbarkeit, Reizbarkeit.

Irrtum, ein falscher Gedanke, der für wahr gehalten wird. »Irrtum sowohl wie Wahrheit ist nur ein Urteil« (Kant), ähnlich Goethe:

»Den Sinnen hast du dann zu trauen:
nichts Falsches lassen sie dich schauen,
wenn dein Verstand dich wach erhält.«

»Wenn in der anschaulichen Vorstellung der Schein auf Augenblicke die Wirklichkeit entstellt, so kann in der abstrakten der Irrtum Jahrtausende herrschen, auf ganze Völker sein eisernes Joch werfen, die edelsten

Regungen der Menschheit ersticken und selbst den, welchen zu täuschen er nicht vermag, durch seine Sklaven, seine Getäuschten, in Fesseln legen lassen. Man soll daher bestrebt sein, jeden Irrtum aufzudecken und auszurotten, auch wo kein Schaden von ihm abzusehen ist, weil dieser sehr mittelbar sein und einst hervortreten kann, wo man ihn nicht erwartet; denn jeder Irrtum trägt ein Gift in seinem Innern. Es gibt keine unschädlichen Irrtümer, noch weniger ehrwürdige, heilige Irrtümer. Der Denker soll sie angreifen, wenn auch die Menschheit, gleich einem Kranken, dessen Geschwür der Arzt berührt, dabei laut aufschreit« (Schopenhauer).

K.

Kabbala, eigentlich Überlieferung, die jüdische Mystik des Mittelalters.

Kalokagathie, das Schön- und Gutsein zugleich, die gute (körperliche und geistige) Bildung und Lebensart eines Menschen.

Kanon, Richtmaß, Regel.

Kanonik, Lehre von den Normen der Erkenntnis, nannte Epikur seine Logik.

Kardinaltugenden, höchste Tugenden, deren Plato vier unterschied: die Weisheit, Tapferkeit, Besonnenheit und Gerechtigkeit. Schopenhauer betrachtet als die beiden Kardinaltugenden die Gerechtigkeit und die Menschenliebe. Allein die letztere kann (als Sache des Gefühls, nicht der Vernunft) nicht als Tugend bezeichnet werden.

Karma, in der buddhistischen Philosophie der Schatz der guten und bösen Taten eines Menschen, die dessen Wesensart und Sein in seiner Wiedergeburt bestimmen.

Kasualismus, Zufallslehre.

Kasuistik, der Teil der Moralwissenschaft, der von den Gewissenskonflikten handelt; sehr ausgebildet bei Stoikern und bei den Jesuiten.

katechetisch (sokratisch, erotematisch) heißt die Unterrichtsmethode, die sich in Frage und Antwort bewegt.

Kategorie, im allgemeinen das Begriffsfach, die Gattung, die Klasse, in die etwas eingereiht wird; in der Philosophie die allgemeinsten Begriffsformen selbst, die allgemeinsten Stammbegriffe, die alle Gegenstände der Erfahrung unter sich begreifen und von denen die übrigen Begriffe abzuleiten sind. Der Begründer der Kategorienlehre ist Aristoteles; er nahm zehn K. an: Substanz, Quantität, Qualität, Relation, Ort, Zeit, Lage, Verhalten, Tun, Leiden.

Kant versteht unter K. die subjektiven Formen des Verstandes, welche die Möglichkeit der Erfahrung bedingen. Sie sind an sich bloß logische Formen, die zu ihrer Realisierung der Anschauung bedürfen, ohne aber (nach Kants Meinung) selbst aus der Erfahrung zu stammen. Kant gibt die folgende Tafel der K.:

1. K. der Quantität:
   Einheit,
   Vielheit,
   Allheit.
2. K. der Qualität:
   Realität,
   Negation,
   Limitation.
3. K. der Relation:
   Inhärenz und Subsistenz (Substanz und Accidenz)
   Kausalität und Dependenz (Ursache und Wirkung),
   Gemeinschaft (Wechselwirkung).

4. K. der Modalität:
   Möglichkeit — Unmöglichkeit,
   Dasein — Nichtsein,
   Notwendigkeit — Zufälligkeit.

Aus dieser Tafel der K. entfernt Schopenhauer neun K. als grundlos und behält nur die Kausalität bei. Nach Wundt sind die Kategorien nicht apriorisch, wie Kant wollte, sondern sie bedeuten nur die letzten Stufen jener logischen Verarbeitung des Wahrnehmungsinhaltes, die mit den empirischen Einzelbegriffen begonnen hat.

kategorisch, aussagend, behauptend; im Gegensatz zu hypothetisch: unbedingt.

kategorischer Imperativ, s. Imperativ.

Katharsis, Reinigung, Läuterung, besonders die mystische Läuterung der Seele.

kausal, ursächlich.

Kausalgesetz, das Gesetz von Ursache und Wirkung: Aus einer gegebenen bestimmten Ursache folgt notwendig eine Wirkung, und umgekehrt: wenn keine bestimmte Ursache gegeben ist, kann unmöglich eine Wirkung folgen (Spinoza). Dem formalen Kausalgesetz entspricht materiell das Substanzgesetz, das Gesetz von der Erhaltung der Energie-Materie.

Kausalität, das Verhältnis von Ursache und Wirkung; ursächlicher Zusammenhang: das Prinzip der geschlossenen Naturkausalität. Seine Annahme gestattet keine übernatürlichen Einwirkungen in den Naturverlauf, also keine göttliche Weltregierung.

Kausalnexus, die Verknüpfung von Ursache und Wirkung, ursächlicher Zusammenhang.

Kinematik, Bewegungslehre.

Kirche. Eine längst prophezeite Epoche ist eingetreten: die Kirche wankt, wankt so stark, daß es sich fragt, ob sie den Schwerpunkt wieder finden werde; denn der Glaube ist abhanden gekommen. Ist es doch mit dem Lichte der Offenbarung wie mit anderen Lichtern: einige Dunkelheit ist die Bedingung. Die Zahl derer, welche ein gewisser Grad und Umfang von Kenntnissen zum Glauben unfähig macht, ist bedenklich groß geworden. Da wird es Ernst mit dem Verlangen nach Philosophie, und es bedarf einer ernstlich gemeinten, d. h. einer auf Wahrheit gerichteten Philosophie (Schopenhauer). S. auch Denkgläubige. — Die Kirche verliert ihre Daseinsberechtigung in dem Maße, als diejenigen ihrer Tätigkeiten, die kulturnotwendig sind (Erziehung, Belehrung, Ethisierung, Bekämpfung des Leids), mehr und mehr, mit besseren Mitteln und besserem Erfolg, von der politischen Gemeinschaft übernommen werden.

Klarheit ist nach Kant das Bewußtsein seiner Vorstellungen, welches zur Unterscheidung eines Gegenstandes von anderen zureicht. Klar ist ein Gedanke, der sich in bestimmter eindeutiger Weise mit allen seinen Elementen dem Bewußtsein darstellt (Eisler).

Klassifikation, die Einteilung in Klassen, systematische Einteilung und Anordnung von Begriffen.

Klerikalismus, die Herrschsucht der Kirche (d. h. ihrer »Diener«), die nichts als wahr, als gut, als recht anerkennen will, was ihren eigenen Dogmen nicht gemäß ist, sowie das System dieser Herrschsucht samt ihren für den Fortschritt der Kultur verderblichen Folgen. Eine der übelsten Schöpfungen des K. ist die ultramontane Zentrumspartei des Deutschen Reiches, ein wahrer Schandfleck dieses Staatswesens.

Klugheit ist Schärfe des Verstandes in seiner praktischen Anwendung. Goethe rät in seinem »kophtischen Lied«:

Kinder der Klugheit, o habet die Narren,
eben zum Narren auch, wie sich's gebührt.

Vgl. auch Gracians Handorakel und Kunst der Weltklugheit.

Koeffizient, mitwirkender Faktor.

Koexistenz, zeitliches Zugleichsein.

Koinzidenz der Gegensätze, das Aufgehobensein der Gegensätze im Einen Absoluten Sein.

kollektiv, gemeinschaftlich. Kollektiv-: Gemeinschafts-, z.B. Kollektivwesen.

Kollision, Zusammenstoß. K. der Pflichten, das Zusammentreffen zweier Pflichten, deren Erfüllung sich gegenseitig ausschließt.

komparativ, vergleichsweise.

Kompensation, Ausgleichung.

Komplex, ein aus selbständigen Teilen bestehendes Ganzes.

Komplikation, Verbindung, Vereinigung.

Konditionismus nennt Verworn seine Erkenntnistheorie, welche die Begriffe der Ursache und Wirkung entfernt und dafür »Bedingung« und »Bedingtes« setzt.

Konflikt, Zusammenstoß, Widerstreit.

konfus, verworren.

Konjunktur, Vermutung, eine vermutete Beziehung zwischen zwei auseinanderliegenden Dingen.

konjunktiv ist ein Urteil mit einem Subjekt und mehreren Prädikaten: A = B + C + D …, oder A = weder B, noch C, noch D …

Konklusion, logische Folgerung, Schluß.

konkret, was wirklich, nicht bloß gedacht ist, oder sich auf ein Wirkliches bezieht (konkrete Vorstellung).

Konnex, Verknüpfung.

Konsequenz, logische Folge, Folgerichtigkeit. »Sobald einmal irgendwelche Vorstellungen als wahr anerkannt worden sind, müssen auch alle diejenigen Beziehungen und Verknüpfungen als wahr anerkannt werden, welche sich nach den logischen Normen daraus ergeben« (Windelband).

Konstanz, Beständigkeit.

Konstanz der Substanz, das kosmologische Grundgesetz von der Erhaltung der Substanz, der Energie-Materie.

konstituieren, ausmachen, zusammensetzen.

Konstitution, Zusammensetzung, Einrichtung, Verfassung.

konstitutiv, objektiv, bestimmend, gesetzgebend.

Konszientialismus, Wirklichkeitsstandpunkt, diejenige philosophische Richtung, für welche der Gegenstand der Realwissenschaften das im Bewußtsein Gegebene ist, die »wirklichen« Empfindungen und Gefühle; für ihn ist somit einzige Aufgabe der Realwissenschaften, Zusammenhänge und Beziehungen zwischen diesen Elementen des vorgefundenen Tatbestandes zu ermitteln.

Kontemplation, Betrachtung, Schauen, Beschaulichkeit.

Kontiguität, das Berühren, Nichtineinanderübergehen (Kontinuität).

Kontinuität, Stetigkeit, Zusammenhang.

Kontinuum, das Stetige.

Kontradiktion, Widerspruch.

kontradiktorisch, direkt entgegengesetzt.

konträr sind Begriffe, die in einer disjunktiven Reihe am weitesten von einander abstehen (schwarz — weiß); k. wird auch das miteinander Unvereinbare genannt.

Kontrast, Gegensatz.

Kontrastgefühle sind Gefühle, die aus einer Folge von Lust- und Unlustgefühlen bestehen, in denen je nach Umständen bald das eine, bald das andere vorherrschen kann (Wundt).

Konvention, Übereinkommen; konventionell, auf Übereinkommen beruhend.

Konvergenz, die Annäherung der Entwickelungswege von verschiedenen Ausgangspunkten aus. Gegensatz: Divergenz.

Konversion, Umkehrung.

Konzentration, das Beziehen auf einen Mittelpunkt.

Konzeption, Erdenken, Begreifen.

Kooperation, Zusammenwirken.

Koordination, Beiordnung, die Ordnung im Nebeneinander gleichwertiger Begriffe.

Korollar, Zusatz, Folgesatz.

körperlich heißt, was einen Raum erfüllt.

Korpuskeln, Körperchen, elementare Körper.

Korpuskulartheorie, die Lehre von der Zusammensetzung der Körper aus Korpuskeln.

korrelat sind Begriffe, die nur in wechselseitiger Beziehung Sinn haben (warm — kalt, Ursache — Wirkung).

Korrelation, Wechselbeziehung.

korrespondierend, einander wechselseitig entsprechend.

kosmisch, auf die Welt, den Kosmos bezüglich.

kosmische Perspektive, der Blick ins Unendliche und aus dem Unendlichen zurück auf Menschliches, Allzumenschliches. S. auch Ironie.

Kosmogonie, Lehre von der Weltentstehung, Weltentwicklung.

Kosmologie, die Wissenschaft vom Weltganzen.

kosmologischer Beweis für das Dasein Gottes, s. Gott.

Kosmopolitismus, Weltbürgertum. Kosmopolit ist derjenige, der die ganze Welt als sein Vaterland betrachtet.

Kosmos, Weltall, die Welt als eine wohlgeordnete Einheit. S. auch Chaos.

Kraft, die »Ursache einer Wirkung«, womit nichts erklärt ist. Kraft ist nichts als die Bewegung selbst; sie ist »das Maß, nicht die Ursache der Bewegung« (Du Bois-Reymond). S. auch Energie. »Kraft und Stoff sind unzertrennlich, weil sie im Grunde eines sind« (Schopenhauer).

Kriterium, Kennzeichen, Prüfungsmittel.

Kritik, Beurteilung, Fähigkeit der Beurteilung, der Prüfung, ob etwas wahr oder falsch, richtig oder unrichtig, schön oder häßlich ist.

kritisch, beurteilend, prüfend.

Kritik der reinen Vernunft nennt Kant seine Untersuchung über die behaupteten Ansprüche der reinen Vernunft, ein Wissen vom Transzendenten, über alle mögliche Erfahrung Hinausgehenden zu besitzen, eine Metaphysik als Wissenschaft vom Transzendenten geben zu können. Die Kritik fällt durchaus verneinend aus.

Kritizismus, der Standpunkt der Kritik (gegenüber dem Dogmatismus, des unkritischen Aufstellens und Hinnehmens von philosophischen, insbesondere metaphysischen Sätzen); insbesondere die Prüfung der

Möglichkeit, des Ursprungs, der Gesetzmäßigkeit, der Gültigkeit und der Grenzen des menschlichen Erkennens. Der »Kerngedanke« des K. (der Transzendentalphilosophie) ist nach Liebmann der, »daß der Mensch alles schlechthin nur in dem Medium des menschlichen Bewußtseins erkennt, daß mithin auch alle Philosophie, wie überhaupt alle Wissenschaft, sich immer nur innerhalb der Sphäre menschlicher Gedanken und menschlicher Vorstellungen bewegen kann und diese Sphäre niemals und unter keinen Umständen zu überschreiten vermag«.

Kultur, die Tätigkeit des Menschen und die Resultate dieser Tätigkeit, welche ihn zum Herrn der Natur machen, ihn dem Ideal der Gottnatur immer näher bringen (s. Ideal). Die Kultur geht von der Natur aus, entfernt sich zunächst von ihr, und kehrt endlich wieder zur Natur zurück zu synthetischer Einheit. »Alle Völker, die in der Kultur begriffen sind, müssen ohne Unterschied durch Vernünftelei von der Natur abfallen, ehe sie durch Vernunft zu ihr zurückkehren können« (Schiller).

Kunst, die »schöpferische«, bewußt gewordene Produktivität der Natur im Menschen, welche Elemente des Seins und Geschehens in der Idee zu neuartiger Synthese und diese zur objektiven Darstellung bringt. Das Produkt der Kunst wird am Begriff des »Schönen« gemessen, der in seinem höchsten Sinn zugleich das Wahre und Gute bedeutet. »Wo das organische Bildungsgesetz der Natur ohne Hemmung in Freiheit walten kann, da entsteht das Schöne.« »Die Natur ist überall schön in ihren Intentionen; aber die Bedingungen, diese vollständig zur Erscheinung zu bringen, fehlen meistens, so daß dem gewöhnlichen Blick das Schöne verborgen bleibt; die Kunst stellt es entsprechend den Intentionen der Natur dar.« (Goethe.)

Kyniker, s. Cynismus.

Kyrenaiker, die Anhänger der Aristipp von Kyrene, die in der (sinnlichen) Lust das höchste Gut erkannten.

L.

Lebensanschauung, die Art und Weise, wie ein Mensch das Leben und die Lebensverhältnisse auffaßt und bewertet.

Lebenskraft, von manchen »Philosophen« angenommene besondere, nicht physische Kraft, welche in den Organismen die Erscheinungen des Lebens hervorbringen soll. Monistisch betrachtet kann die L. nichts anderes sein als die eigentümliche Reizbarkeit und Reaktionsweise des »Lebensstoffes«, des Protoplasmas in seinen verschiedenen Erscheinungen und Entwickelungsformen. Wie aber der »Lebensstoff« nichts anderes ist als eine komplizierte Verbindung einfacher chemischer Elemente, so kann auch die L. nichts anderes sein als die Resultierende aus den chemischen Elementarkräften der Elementarlebensstoffe.

Lebensstoff ist das Protoplasma, ein zähflüssiges Gemisch verschiedener chemischer Verbindungen in denen Eiweißverbindungen die größte Rolle spielen.

Legalität, Gesetzlichkeit, ist ein Verhalten dem (äußeren) Gesetze gemäß, im Gegensatz zur Moralität, dem Verhalten dem inneren Gesetze gemäß; die Unterscheidung stammt von Kant.

Leidenschaft, zur bleibenden Neigung gewordene Begierde, ein starker und dauernder Affekt, der das gesamte Denken, Fühlen und Wollen des Menschen beherrscht. Nach Hegel die subjektive, insofern formelle Seite der Energie, des Willens und der Tätigkeit; »es ist nichts Großes ohne Leidenschaft vollbracht worden, noch kann es ohne solche vollbracht werden«.

letzte Ursache, s. erste Ursache.

liberum arbitrium indifferentiae, absolute Wahlfreiheit oder Willkür.

Liebe ist nach Spinoza Lust, verbunden mit der Idee einer äußeren Ursache. — Das »Hohelied der Liebe«, s. Kor. 13: Wenn ich mit Menschen- und mit Engelzungen redete und hätte der Liebe nicht, so wäre ich ein tönend Erz oder eine klingende Schelle. Und wenn ich weissagen könnte und wüßte alle Geheimnisse und alle Erkenntnis, und hätte allen Glauben, also daß ich Berge versetzte, und hätte der Liebe nicht, so wäre ich nichts. Und wenn ich alle meine Habe den Armen gäbe und ließe meinen Leib brennen und hätte der Liebe nicht, so wäre mirs nichts nütze. Die Liebe ist langmütig und freundlich, die Liebe eifert nicht, die Liebe treibt nicht Mutwillen, sie blähet sich nicht. Sie stellet sich nicht ungebärdig, sie suchet nicht das ihre, sie läßt sich nicht erbittern, sie rechnet das Böse nicht zu. Sie freut sich nicht der Ungerechtigkeit, sie freut sich aber der Wahrheit. Sie verträgt alles, sie glaubet alles, sie hoffet alles, sie duldet alles. Die Liebe höret nimmer auf. Nun aber bleiben Glaube, Hoffnung, Liebe, diese drei; aber die Liebe ist die größte unter ihnen.

Logik, die Lehre vom Denken, die Wissenschaft von den Prinzipien und Gesetzen des Denkens, von den Begriffen, Urteilen, Schlüssen und den Methoden des Erkennens.

logisch, den Denkgesetzen gemäß, denkrichtig; die Logik betreffend.

Logos, Wort, Begriff, Gedanke, Vernunft; bei Heraklit und den Stoikern die Weltvernunft, identisch mit der ehernen Gesetzmäßigkeit des Alls, dem Schicksal (Heimarmene). Im Christentum der »Sohn Gottes«.

Lokalisation der Gehirnfunktionen. Die Großhirnrinde ist die Projektionsfläche für jeden Muskel und jeden sensiblen Punkt des Körpers, oder umgekehrt: jeder Muskel und jeder sensible Punkt des Körpers wird durch einen Punkt in der Hirnrinde repräsentiert, und diesen Punkten entsprechen auf der psychischen Seite (der Innenseite, »Innerung«) ebensoviele Empfindungs- und Vorstellungselemente. Aber nur etwa ein Drittel der menschlichen Großhirnrinde steht nach Flechsig in direkter Verbindung mit den Leitungen, welche Sinneseindrücke vermitteln oder Muskeln anregen. (Sinnes- und motorische Zentren); dazu gehören das Sehzentrum in den Hinterhauptslappen, das Hörzentrum in der oberen Windung des Schläfenlappens, die Körperfühlssphäre usw., sowie die motorische Region der zentralen Windungen; zwei Drittel — das Stirnhirn, ein großer Teil der Schläfen- und Hinterhauptslappen, ein mächtiges Gebiet im hinteren Scheitelteil und endlich die tief im Innern des Hirns versteckte Reilsche Insel — dienen dazu, die Sinneszentren zu höheren Einheiten zusammenzufassen; sie sind die geistigen oder Assoziations- oder Coagitationszentren. Die geistigen Zentren sind noch einen Monat nach der Geburt unreif, gänzlich bar des Nervenmarks, während die Sinneszentren schon vorher herangereift sind. Die geistigen Zentren sind die Hauptträger von dem, was wir Erfahrung, Wissen und Erkenntnis, was wir Grundsätze und höhere Gefühle nennen, zum Teil auch der Sprache; ihre Erkrankung ist es vornehmlich, die »geisteskrank« macht.

Sinnes- und geistige Zentren sind untereinander durch zahllose Nervenfasern (Assoziationsfasern) verbunden; auf diesen Fasern beruht die Einheitlichkeit der Großhirntätigkeit — des Geistes. »Im Aufbau unseres Geistes, in den großen beharrenden Zügen seiner Gliederung spiegelt sich klar und deutlich die Architektur unseres Gehirns wieder.« (Aus Schmidt, Wörterbuch der Biologie.) Vgl. Flechsig, Gehirn und Seele.

Lust ist nach Spinoza Übergang des Menschen von geringerer zu größerer Vollkommenheit, und alles das, was Lust verschafft, ist gut.

M.

Mäeutik, eigentlich Hebammenkunst, die Kunst des Sokrates, durch Frage und Antwort die in einem Menschen liegenden richtigen Begriffe herauszuholen.

Magie, die Kunst, die geheimnisvollen Kräfte der Natur, Geister, Dämonen, zu beherrschen.

Majorität. Goethe: Die Geschichte der Philosophie, der Wissenschaften, der Religion, alles zeigt, daß die Meinungen massenweise sich verbreiten, immer aber diejenige den Vorrang gewinnt, welche faßlicher, d. h. dem menschlichen Geiste in seinem gemeinen Zustande gemäß und bequem ist. Ja, derjenige, der sich in höherem Sinne ausgebildet, kann immer voraussetzen, daß er die Majorität gegen sich habe.

Makrokosmos, im Gegensatz zum Mikrokosmos, die große Welt, die gesamte Natur.

Manichäismus, die Lehre des Persers Mani vom Kampf zweier Prinzipien, des Lichtes und der Finsternis, des Guten und des Bösen.

Manie, ein krankhafter Seelenzustand, der durch Exaltation, Bewegungsdrang und Ideenflucht charakterisiert ist.

Manifestation, Sichtbarmachung, Kundgebung, Offenbarung.

Massenpsychologie, Psychologie der Masse. »Unter bestimmten Umständen und bloß unter diesen besitzt eine Ansammlung von Menschen neue Merkmale. Die bewußte Persönlichkeit schwindet, die Gefühle und Gedanken aller Einheiten sind nach derselben Richtung orientiert. Es bildet sich eine Kollektivseele« (Le Bon, Psychologie der Massen).

Materialismus, metaphysisch die Lehre, daß das Wirkliche, das An-sich der Dinge, körperlicher Natur sei. Der ethische M. setzt den Lebenszweck in den sinnlichen Genuß. Der historische M. betrachtet die Wirtschaft als Grundlage aller, auch der geistigen Kultur. Der kritische oder empirische M. bezieht alles Naturgeschehen auf materielle Prozesse, ohne über das An-sich der »Materie« etwas auszusagen; ihm ist »Materie« ein Wort zur Bezeichnung des erscheinenden Seins.

Materie, Stoff; das Sein, insofern es als raumerfüllend betrachtet wird. Nach Riehl (Phil. Krit.) »die von den räumlichen Empfindungen des Drucks und des Widerstandes abgeleitete Vorstellung des Realen, als Substrat der objektiven Teilvorstellung«. — Die atomistische Struktur der Materie ist experimentell erwiesen; nach den neueren Forschungen über die Natur der Elektrizität ist die M. wahrscheinlich nichts als »geronnene Elektrizität«; damit wäre auch die monistische Synthese von M. und Energie, von Materialismus und Energetik hergestellt. S. Substanz.

Maxime, höchster Grundsatz des Handelns, allgemeine Lebensregel, subjektives Prinzip des Wollens. Bei Kant ein subjektiver Grundsatz, der auf dem Interesse der Vernunft an möglichster Vollkommenheit der Erkenntnis beruht; in praktischer Hinsicht sind Maximen »Gesetze, sofern sie zugleich subjektive Gründe der Handlungen, d. i. subjektive Grundsätze werden«.

Maya, Name einer Göttin, die Ursache der Illusion, durch welche das All-Eine als sinnlich materielle Vielheit wahrgenommen wird, durch den Schleier der Sinne und der Imagination (»Schleier der Maya«).

Mechanik. die Wissenschaft von den Gesetzen des Gleichgewichts und der Bewegung der Körper, demzufolge in die Statik und Dynamik zerfallend. Hertz formuliert das Grundgesetz der Mechanik: »Jedes freie System beharrt in seinem Zustande der Ruhe oder der gleichförmigen Bewegung in einer geraden Bahn.«

mechanisch, durch Bewegung (Druck und Stoß), durch natürliche (psychische) Ursachen notwendig hervorgebracht.

Mechanismus, gesetzmäßig bestimmtes System von Bewegungen, Geschehnissen, auch die Einrichtung, der Apparat, an dem und durch den diese Bewegungen ablaufen.

mechanistisch ist diejenige Weltanschauung, welche die Natur, das All, als einen rein physischen Mechanismus betrachtet, in dem alles streng kausal, nach dem

Gesetz von Ursache und Wirkung, abläuft. Du Bois-Reymond erklärt: »Die theoretische Naturwissenschaft ruht nicht eher, als bis sie die Erscheinungswelt auf Bewegungen letzter Elemente zurückführt, welche nach denselben Gesetzen vor sich gehen wie die der gröberen, sinnfälligen Materie.« Das »Psychische« ist nach dieser Ansicht ein Epiphaenomenon. Die rein mechanistische Betrachtung schließt jede Teleologie aus. Im Monismus sind beide vereinigt, ist ihr Gegensatz aufgehoben: aus dem Mechanismus der Natur entwickelt sich die Teleologie der Kultur.

Meditation, Nachdenken, Nachsinnen.

Medium, Mittel.

Meinen, Meinung, ein mit Bewußtsein sowohl subjektiv als objektiv unzureichendes Fürwahrhalten (Kant); ein objektives Fürwahrhalten, dem die Sicherheit der Überzeugung fehlt (Wundt). Die Allgemeinheit einer Meinung ist kein Beweis, ja nicht einmal ein Wahrscheinlichkeitsgrund ihrer Richtigkeit.

Melancholie, ein psychischer Depressionszustand, durch düstere Stimmung, traurige Vorstellungen, Schwäche des Willens charakterisiert.

Meliorismus, die Ansicht, daß die Welt zwar nicht die beste, aber durch unsere Kraft zu verbessern sei.

mental, im Geist, geistig.

Merkmal, eine Eigenschaft, an der man ein Ding erkennt, resp. wiedererkennt.

Metabasis eis allo genos, logischer Sprung von einem Gebiet auf ein fremdes, nicht zur Sache gehöriges Gebiet: ein Fehler in der Beweisführung.

Metamorphose, Verwandlung, Umgestaltung, Entwickelung.

Metapher, Bild; metaphorisch: bildlich.

Metaphysik, die philosophische Erkenntnis aus reiner Vernunft im systematischen Zusammenhang, eine ganz isolierte spekulative Vernunfterkenntnis, die sich gänzlich über Erfahrungsbelehrung erhebt, und zwar durch bloße Begriffe; die (vermeintliche) Wissenschaft vom Transzendenten (s. d.). Da eine solche Wissenschaft unmöglich ist (»man will vermittelst ihrer über alle Gegenstände möglicher Erfahrung hinausgehen, um womöglich das zu erkennen, was schlechterdings kein Gegenstand derselben sein kann«), so bestimmt Kant die M. auch als die Wissenschaft von den Grenzen der menschlichen Vernunft; oder auch als die Wissenschaft von der bloßen Form der Erkenntnis. Schopenhauer: Die Metaphysik faßt das Vorhandene als eine gegebene, aber irgendwie bedingte Erscheinung, in welcher ein von ihr selbst verschiedenes Wesen, welches demnach das Ding an sich wäre, sich darstellt. Dieses nun sucht sie näher kennen zu lernen; die Mittel hierzu sind teils das Zusammenbringen der äußeren mit der inneren Erfahrung, teils die Erlangung eines Verständnisses der gesamten Erscheinung, mittels Auffindung ihres Sinnes und Zusammenhanges. Auf diesem Wege gelangt sie von der Erscheinung zum Erscheinenden, zu dem, was hinter jener steckt. — Als metaphysisch betrachtet Wundt auch alle Annahmen, die irgendwie hypothetische Ergänzungen der Wirklichkeit sind; er kommt dadurch zu einer Auffassung der Metaphysik, die von der herkömmlichen verschieden ist und eigentlich diesen Namen nicht mehr mit Recht trägt: »Sie ist der auf der Grundlage des gesamten wissenschaftlichen Bewußtseins eines Zeitalters oder besonders hervortretender Inhalte derselben unternommene Versuch, eine die Bestandteile des Einzelwissens verbindende Weltanschauung zu gewinnen.« Mit dieser Definition wird der Begriff Metaphysik unberechtigterweise dem Begriff der Philosophie gleichgesetzt. »Die Ansicht, welche sich allmählich Bahn bricht, daß die Wissenschaft sich auf die übersichtliche Darstellung des Tatsächlichen zu beschränken habe, führt folgerichtig zur Ausscheidung aller müßigen, durch die Erfahrung nicht kontrollierbaren Annahmen, vor allem der metaphysischen (im Kantschen Sinne)«.

metaphysisch, die Metaphysik betreffend, überempirisch, über alle mögliche Erfahrung hinausgehend; metaphysisch ist das objektiv Psychische.

metapsychisch ist das Physische.

Metempsychose, Seelenwanderung, die (angenommene) Wanderung der Seele aus einem Körper in einen anderen, die jeweils beim Tod erfolgen soll.

Methode, planmäßiges Verfahren zur Ermittelung einer Erkenntnis, bestimmte Art und Weise zu forschen, zu denken, zu handeln.

methodisch, mit Methode, planmäßig, die Methode betreffend.

Methodologie, Methodenlehre, die Lehre von den Erkenntniswegen der Wissenschaft überhaupt und der Einzelwissenschaften im besonderen.

methodologisch, die Methodologie betreffend.

Mikrokosmos, die kleine Welt: der Mensch, in dem sich die große Welt, der Makrokosmos, widerspiegelt, der Mensch als Zentrum und Inbegriff des Makrokosmos.

Milieu, Umwelt, die Gesamtheit der Umgebungsverhältnisse eines Organismus. Vgl. dazu Harmonie.

Mimikry, Nachahmung, welche über die wahre Natur hinwegtäuscht, das Nachahmende als etwas anderes erscheinen läßt, als es tatsächlich ist, z. B. die durch Variation und natürliche Auslese im Kampf ums Dasein hervorgebrachte Ähnlichkeit mancher Schmetterlinge mit Blättern.

Mind, Geist, Bewußtsein.

Minimum, Kleinstes, Mindestmaß.

Misanthropie, Menschenhaß.

Misologie, Haß gegen die Vernunft.

Misoneismus, Haß, Widerstand gegen das Neue, gegen neue Ideen, neue Sitten, neue Einrichtungen usw.

Mitleid, nach Spinoza Unlust, verbunden mit der Idee eines Übels, das einem andern, den wir uns als unseresgleichen vorstellen, begegnet ist. Nach Schopenhauer die Grundlage der Moral: Wir selbst erkennen uns im Leiden des Anderen wieder.

Mneme, eigentlich Gedächtnis; von R. Semon in die Biologie eingeführt als Bezeichnung für den Gesamtbestand eines Organismus an dauernden, durch Reize bewirkten Veränderungen (Engrammen), die den Erscheinungen des Gedächtnisses, der Assoziation, der Vererbung zugrunde liegen.

Mnemonik (Mnemotechnik), Gedächtniskunst, die Kunst, das Gedächtnis zu erleichtern, resp. zu unterstützen durch Übung, gewisse Hilfsmittel usw.

Modalität, Art und Weise des Seins. Modalitätsbegriffe sind: Möglichkeit, Wirklichkeit, Notwendigkeit, denen entsprechend die Modalität der Urteile eine problematische, assertorische oder apodiktische ist.

Modifikation, Veränderung der Art und Weise zu sein, des Modus.

Modus, die bestimmte Art und Weise zu sein, zu handeln. Spinoza versteht unter M. eine Erregung der Substanz, oder etwas, das in einem andern ist, durch welches es auch begriffen werden kann, d. h. die Einzeldinge als bestimmte Daseinsweisen der Substanz.

möglich ist etwas, das unter bestimmten Bedingungen wirklich werden kann, oder etwas, das unter bestimmten Voraussetzungen als wirklich gedacht werden kann.

Wenn die Bedingungen, resp. die Voraussetzungen nicht sicher sind, d. h. nicht Tatsachen sind oder nicht auf Tatsachen beruhen, ist die Annahme einer Möglichkeit ein bloßes Spiel der Phantasie.

Moment, Augenblick (der M.); auch soviel wie Bedingung, Komponente (das M.).

Monaden, Einheiten, gleichartige, als beseelt gedachte Elemente der Welt. Bei Leibniz unkörperliche, unausgedehnte, punktuelle, unveränderliche, seelische, vorstellende und strebende Krafteinheiten.

Monadologie, die Lehre von den Monaden.

Monismus, diejenige Weltanschauung, welche von der Erforschung des Wirklichen ausgeht, durch logisches Denken zu immer höheren Stufen der Verallgemeinerung aufsteigt bis zu dem einen höchsten allumfassenden Begriff Natur, und von hier aus das All als ein Einheitliches begreift, in dem jedes einzelne in Wechselbeziehung zum Ganzen steht, das Ganze durch das Einzelne, das Einzelne durch das Ganze bedingt ist und begriffen wird.

Diese Anschauung, einmal gewonnen und zu einer Stimmung des Gemüts geworden, beschränkt das Denken auf das Erkennbare, das Wollen auf das Erreichbare, und indem ihr beides im Unendlichen verläuft, erzeugt sie ein Gefühl wahrhafter Bescheidenheit, verbunden mit Bewunderung des ewigen Seins und Werdens, und getragen von der Überzeugung, daß unser Fortschritt im Erkennen und Erreichen ein unendlicher sei. Historische Betrachtung läßt diese Überzeugung zur Gewißheit werden, und damit zu einer unversiegbaren Quelle der Kraft im steten Weiterschreiten, wozu die Natur als Immerwerdende uns zwingt, bis eigene Einsicht uns führt.

Drei Momente sind charakteristisch für den Monismus: 1. die durch Naturerkenntnis begründete Annahme, daß die Natur einheitlich ist, dieselbe in allen Gestalten, in allem Geschehen; 2. die Gewißheit, daß alles Geschehen nach ewigen ehernen großen Gesetzen erfolgt, die in der Natur der Dinge selbst begründet sind; 3. die Überzeugung, daß demgemäß die Natur aus sich selbst erklärt werden muß, ohne Zuhilfenahme übernatürlicher Ursachen (Gott usw.)

Das ethische Ideal des Monismus ist die Menschheit, die ihre Stellung in der Natur kennt und auf Grund dieser Kenntnis ihr Schicksal selbst bestimmt. Vollkommene Naturerkenntnis und Naturbeherrschung, Selbsterkenntnis und Selbstbeherrschung ist das ethische Endziel. S. Ideal und Harmonie.

Im einzelnen ist der Monismus:

1. ontologischer M. (= Naturalismus): Synthese von Gott und Welt, Natur und Geist, Diesseits und »Jenseits«

2. kosmischer M.: Gleichartigkeit der Substanz (der Energie = Materie) im Weltall.

3. biologischer M.: einheitlicher Ursprung der organischen und unorganischen Materie. Einheit des Lebens.

4. anthropologischer M.: Synthese von Leib und Seele: beides sind Äußerung und Innerung ein und desselben Wirklichen.

5. psychologischer M.: Einheit von Denken, Fühlen, Wollen.

6. erkenntnistheoretischer M. (= Relativismus): die Erkenntnis ein Produkt der Wechselwirkung zwischen Subjekt und Objekt als Modi der einen Substanz.

7. ethischer M.: Übereinstimmung des Denkens und Seins; des Denkens und der Denkoffenbarung in Wort und Tat. Vgl. Harmonie.

Goethes Monismus, dem M. Spinozas nächst verwandt und von diesem genährt, kommt klar und deutlich, knapp und scharf zum Ausdruck in einem Brief an Knebel (8. April 1812): »Wem es nicht zu Kopfe will, daß Geist und Materie, Seele und Körper, Gedanke und Ausdehnung, Wille und Bewegung die notwendigen Doppelingredienzien des Universums waren, sind und sein werden, die beide gleiche Rechte für sich fordern und deswegen beide zusammen wohl als Stellvertreter Gottes angesehen werden können; wer zu dieser Vorstellung sich nicht erheben kann, der hätte das Denken längst aufgeben und auf gemeinen Weltklatsch seine Tage verwenden sollen.« Sowie in dem andern Satz: »Wer das Höchste will, muß das Ganze wollen; wer vom Geiste handelt, muß die Natur, wer von der Natur spricht, muß den Geist voraussetzen oder im stillen mit verstehen. Der Gedanke läßt sich nicht vom Gedachten, der Wille nicht vom Bewegten trennen.« Und weiter: »Die Wissenschaft ist eigentlich das Vorrecht des Menschen, und wenn er durch sie immer wieder auf den großen Begriff geleitet wird, daß das All ein harmonisches Eins sei, so wird dieser große Begriff weit reicher und voller in ihm stehen, als wenn er in einem bequemen Mystizismus ruhte, der seine Armut gern in einer respektablen Dunkelheit verbirgt«.

Monotheismus, Glaube an einen einzigen persönlichen, transzendenten, von der Welt verschiedenen Gott. S. Gott.

Moral, Sittlichkeit, sittliches Verhalten; Sittenlehre.

moralisch, die Moral betreffend; der Moral entsprechend, sittlich.

Moralismus, Anerkennung eines bindenden Sittengesetzes. Gegensatz: Immoralismus.

Moralität, Sittlichkeit. Die bloße Übereinstimmung oder Nichtübereinstimmung einer Handlung mit dem Gesetze ohne Rücksicht auf die Triebfeder derselben nennt Kant Legalität (Gesetzlichkeit), diejenige aber, in welcher die Idee der Pflicht zugleich die Triebfeder der Handlung ist, die Moralität (Sittlichkeit) derselben.

Moralphilosophie, soviel wie Ethik.

Moralstatistik, die zahlenmäßige Erforschung und Darstellung der moralisch gewerteten Handlungen eines Volksganzen, resp. der ganzen Menschheit.

Moraltheologie, nach Kant der Versuch, aus dem moralischen Zweck vernünftiger Wesen in der Natur auf Gott und seine Eigenschaften zu schließen.

Motiv, Beweggrund, Bestimmungsgrund des Wollens, Handelns; motivieren: das Motiv angeben.

Motivation, die Bestimmung des Willens durch Motive.

Mutation, Veränderung; die plötzliche, sprunghafte Veränderung der Arten.

Mutterliebe ist, wie die Liebe überhaupt, eine Sache des Gefühls (Gemüts), nicht der Vernunft; sie ist nicht Pflicht, sondern schönste Begabung; sie unterliegt also nicht der ethischen Beurteilung, so hoch sie auch im übrigen bewertet werden mag. Ihr Fehlen kann aufs höchste bedauert, aber nicht verurteilt werden.

Mutualismus, gegenseitige Hilfe, ein Verhältnis zweier oder mehrerer Organismen mit wechselseitigem Nutzen.

Mysterium, Geheimnis.

Mystik, die vermeintliche Erfassung des Übersinnlichen, Transzendenten, Göttlichen durch gefühlsmäßiges Erleben in der Tiefe des eigenen Seins. »Mystizismus kann nur jene Geistesbeschaffenheit genannt werden, welche alle wissenschaftliche Begründung oder Auseinandersetzung verschmäht, die alles wahre Wissen nur von einem sogenannten inneren, auch nicht allgemein leuchtenden, sondern im Individuum eingeschlossenen Licht, aus einer unmittelbaren Offenbarung, aus bloßer ekstatischer Intuition oder aus bloßem Gefühl herleiten will« (Schelling).

mystisch, die Mystik betreffend; geheimnisvoll, übervernünftig.

Mystizismus, Neigung zur Mystik (s. d.)

Mythologie, die Wissenschaft von den Mythen der Völker (s. Mythus). Zur M. gehört auch noch die christliche Theologie.

Mythus, primitive, bildlich-phantasievolle anthropomorphische Naturauffassung im ganzen oder im einzelnen.

N.

Naiv, natürlich, unbefangen, kindlich, unreflektiert. Naivität: der Ausbruch der der Menschheit ursprünglich natürlichen Aufrichtigkeit wider die zur andern Natur gewordene Verstellungskunst (Kant). Das Naive ist eine Kindlichkeit, wo sie nicht mehr erwartet wird (Schiller).

Nativismus, die philosophische Richtung, welche angeborene Ideen annimmt.

Natur, für den Monismus der höchste allumfassende Begriff, über und außer dem nichts gedacht werden kann; anschaulich der Inbegriff, die Gesamtheit der Erscheinungen. Die Natur Gott nennen, wie es die Pantheisten tun, ist unberechtigt und zwecklos, verwirrt nur die Begriffe.

Natur heißt auch das durch den Menschen nicht Berührte und Veränderte, im Gegensatz zur Kunst oder Kultur (s. d.).

Auch gleichbedeutend mit Wesen.

Natur! Wir sind von ihr umgeben und umschlungen — unvermögend, aus ihr herauszutreten, und unvermögend, tiefer in sie hineinzukommen. Ungebeten und ungewarnt nimmt sie uns in den Kreislauf ihres Tanzes auf und treibt sich mit uns fort, bis wir ermüdet sind und ihrem Arme entfallen.

Sie schafft ewig neue Gestalten; was da ist, war noch nie; was war, kommt nicht wieder — alles ist neu und doch immer das Alte.

Sie scheint alles auf Individualität angelegt zu haben und macht sich nichts aus den Individuen. Sie baut immer und zerstört immer, und ihre Werkstätte ist unzugänglich.

Sie lebt in lauter Kindern; und die Mutter, wo ist sie? — Sie ist die einzige Künstlerin: aus dem simpelsten Stoffe zu den größten Kontrasten; ohne Schein der Anstrengung zu der größten Vollendung — zur genauesten Bestimmtheit, immer mit etwas Weichem überzogen. Jedes ihrer Werke hat ein eigenes Wesen, jede ihrer Erscheinungen den isoliertesten Begriff, und doch macht alles eins aus.

Es ist ein ewiges Leben, Werden und Bewegen in ihr, und doch rückt sie nicht weiter. Sie verwandelt sich ewig, und ist kein Moment Stillestehen in ihr. Fürs Bleiben hat sie keinen Begriff, und ihren Fluch hat sie ans Stillestehen gehängt. Sie ist fest. Ihr Tritt ist gemessen, ihre Ausnahmen selten, ihre Gesetze unwandelbar.

Gedacht hat sie und sinnt beständig; aber nicht als ein Mensch sondern als Natur. Sie hat sich einen eigenen allumfassenden Sinn vorbehalten, den ihr niemand abmerken kann.

Auch das Unnatürlichste ist Natur. Wer sie nicht allenthalben sieht, sieht sie nirgendwo recht.

Ihre Kinder sind ohne Zahl. Keinem ist sie überall karg, aber sie hat Lieblinge, an die sie viel verschwendet und denen sie viel aufopfert. Ans Große hat sie ihren Schutz geknüpft.

Ihr Schauspiel ist immer neu, weil sie immer neue Zuschauer schafft. Leben ist ihre schönste Erfindung, und der Tod ist ihr Kunstgriff, viel Leben zu haben.

Sie läßt jedes Kind an sich künsteln, jeden Toren über sich richten, tausend stumpf über sich hingehen und nichts sehen und hat an allen ihre Freude und findet bei allen ihre Rechnung.

Man gehorcht ihren Gesetzen, auch wenn man ihnen widerstrebt; man wirkt mit ihr, auch wenn man gegen sie wirken will.

Sie hat keine Sprache noch Rede; aber sie schafft Zungen und Herzen, durch die sie fühlt und spricht.

Ihre Krone ist die Liebe. Nur durch sie kommt man ihr nahe. Sie macht Klüfte zwischen allen Wesen, und alles will sich verschlingen. Sie hat alles isolieret, um alles zusammenzuziehen. Durch ein paar Züge aus dem Becher der Liebe hält sie für ein Leben voll Mühe schadlos.

Sie ist alles. Sie belohnt sich selbst und bestraft sich selbst, erfreut und quält sich selbst. Sie ist rauh und gelinde, lieblich und schrecklich, kraftlos und allgewaltig. Alles ist immer da in ihr. Vergangenheit und Zukunft kennt sie nicht. Gegenwart ist ihr Ewigkeit. Sie ist gütig. Ich preise sie mit allen ihren Werken.

Sie ist weise und still. Man reißt ihr keine Erklärung vom Leibe, trutzt ihr kein Geschenk ab, das sie nicht freiwillig gibt.

Sie ist ganz, und doch immer unvollendet. So wie sie's treibt, kann sie's immer treiben. Jedem erscheint sie in einer eigenen Gestalt. Sie verbirgt sich in tausend Namen und Termen und ist immer dieselbe.

Sie hat mich hereingestellt, sie wird mich auch herausführen. Ich vertraue mich ihr. Sie mag mit mir schalten. Sie wird ihr Werk nicht hassen. Ich sprach nicht von ihr. Nein, was wahr ist und was falsch ist, alles hat sie gesprochen. Alles ist ihre Schuld, alles ist ihr Verdienst. (Goethe.)

Natura naturans, bei Spinoza die Natur als lebendige Einheit gedacht; natura naturata, die Natur als Inbegriff der Einzeldinge (Modi).

Natura non facit saltus, die Natur macht keine Sprünge.

Natural selection, natürliche Auslese.

Naturalismus, die philosophische Richtung, welche die Natur als das Allumfassende, Einzige, allein Seiende betrachtet, auch den »Geist« in die Natur einschließt. Im Ethischen die Forderung eines naturgemäßen Lebens. Nach Kant die Ableitung alles Geschehens aus Naturtatsachen. Der Monismus ist Naturalismus.

naturalistisch, dem Naturalismus gemäß.

natürlich, die Natur betreffend, zur Natur gehörig, der Natur gemäß.

Naturphilosophie, diejenige Philosophie, welche die Natur zum Ausgangspunkt und zur Basis ihrer selbst macht. »Alle wahre Naturwissenschaft ist Philosophie, und alle wahre Philosophie ist Naturwissenschaft. Alle wahre Wissenschaft aber ist Naturphilosophie« (Haeckel, Generelle Morphologie). Für diejenigen, welche einen Unterschied zwischen Naturwissenschaft und Geisteswissenschaft machen, bedeutet N. soviel wie die Erkenntnistheorie und Logik (Methodologie) oder die Prinzipienlehre der Naturwissenschaft.

Naturwissenschaft, die Wissenschaft von der Natur; für den Monismus die Wissenschaft überhaupt. S. Natur, Naturphilosophie und Wissenschaft.

Negation, Verneinung. Gegensatz: Affirmation; negativ, verneinend.

Nexus, Verknüpfung.

nezessitieren, zwingen, nötigen.

Neuron, die Nervenzelle mit ihren Fortsätzen, als Einheit aufgefaßt.

Nicht-Ich nennt Fichte die Außenwelt.

Nihil est in intellectu quod non prius fuerit in sensu: Nichts ist im Geiste, was nicht vorher in den Sinnen war — Grundsatz des Sensualismus (s. d.)

Nihilismus, Verneinungs-Standpunkt. Der theoretische N. verneint die Möglichkeit einer Erkenntnis der Wahrheit, der ethische die Werte und Normen des Handelns, der politische jede irgendwie geartete Herrschaft (= Anarchismus).

Nirvana ist die jenseits der Welt des Bewußtseins und des individuellen Lebensprozesses liegende Stätte ewiger seliger Ruhe; die völlige Überwindung des Ich-Selbstgedankens und der Lebenslust als Willensmotive im Innern des Gemüts und die daraus sich ergebende Ruhe des letzteren. Dieses Ziel kann und soll schon während des Lebens erreicht werden und dann tritt als weitere Folge beim Tode Befreiung von der Wiedergeburt ein, d. h. Parinirvana.

Noëtik, Begriffslehre; noëtisch, das Denken, Erkennen betreffend.

Nominaldefinition, die Erklärung eines Wortes durch andere umschreibende Worte (durch Übersetzung). Gegensatz: Realdefinition.

Nominalismus, diejenige philosophische Anschauung, nach welcher die Allgemeinbegriffe, z. B. Mensch, Liebe, nur Worte sind und außerhalb des Denkens nichts zu besagen haben.

Nomologie, Gesetzeslehre.

Non-ens, das Nicht-Seiende.

Noologie, Seelenlehre, sofern sie sich »auf den aktiv synthetischen Geist, auf das Geistige als aktives, sich kosmisch und kulturell entwickelndes Seinsprinzip« bezieht (Eisler).

Norm, Regel, Maßstab der Beurteilung und Bewertung.

Als sittliche Normen stellt Wundt die Sätze auf:

1. Denke und handle so, daß dir niemals die Achtung vor dir selber verloren geht.

2. Erfülle die Pflichten, die du dir und andern gegenüber auf dich genommen.

3. Achte deinen Nächsten wie dich selbst.

4. Diene der Gemeinschaft, der du angehörst.

5. Fühle dich als Werkzeug im Dienste des sittlichen Ideals.

6. Du sollst dich selbst dahingeben für den Zweck, den du als deine ideale Aufgabe erkannt hast.

Sobald Normen verschiedenen Wertumfangs in Widerstreit treten, ist der umfassenderen der Vorzug zu geben: dem individuellen (1, 2) geht daher der soziale (3, 4), dem sozialen der humane (5, 6) Zweck vor.

normal, der Norm gemäß.

normativ, normgebend, Normen aufstellend; normative Wissenschaften sind die Logik, Ethik und Ästhetik.

Notion, Gedanke, Begriff. Notiones communes, gemeinsame, bei allen denkenden Wesen vorhandene Begriffe.

notwendig ist das, dessen Zusammenhang mit dem Wirklichen nach allgemeinen Gesetzen der Erfahrung bestimmt ist (Kant). Notwendigkeit ist Unausbleiblichkeit der Folge, wenn der Grund gesetzt ist (Schopenh.).

Noumenon, Verstandesding, intelligibles, d. h. bloß gedachtes Ding, eine bloße Idee. Gegensatz: wirkliches, d. h. Sinnending, Phaenomenon.

Nous, Geist, Intellekt. — Die Weltseele des Anaxagoras.

O.

Objekt, Gegenstand, Ding, Sache. Gegensatz: Subjekt. Der Gegensatz ist nur ein relativer.

Objektität, das Objekt sein für ein Subjekt.

objektiv, das Objekt betreffend, gegenständlich, dinglich, tatsächlich, unabhängig vom Subjekt, vom Subjekt absehend, vom subjektiven Meinen unabhängig, von der Natur und dem Interesse des Subjekts unabhängig, für jedes erkennende Wesen gültig.

Objektivation, Vergegenständlichung, zu einem Objekt werden. — Objektivieren: zu einem Objekt machen.

Objektivismus, diejenige Richtung der Ethik, welche im Gegensatz zum, resp. zur Ergänzung des Subjektivismus (s. d.) objektive Maßstabe und Zwecke des sittlichen Handelns aufstellt.

Objektivität, der Charakter des Objektiven (s. d.); Freisein von subjektiven Zutaten.

Obreption, Erschleichung; s. Subreption.

Observation, Beobachtung.

Occasio, Gelegenheit.

Offenbarung, offenbar machen, offenbar werden. — »Der ist noch ein großes Kind, der im Ernst denken kann, daß jemals Wesen, die keine Menschen waren, unserem Geschlecht Aufschlüsse über sein und der

Welt Dasein und Zweck gegeben hätten. Es gibt keine andere Offenbarung als die Gedanken der Weisen« (Schopenhauer).

Okkasionalismus, diejenige philosophische Richtung, nach welcher das Zugleichsein körperlicher und seelischer Zustände und Vorgänge nicht auf einer Wechselwirkung beruht, sondern durch ein direktes Eingreifen Gottes hergestellt wird: jeder physische Vorgang gibt Gott die Gelegenheit, einen physischen hervorzurufen, und umgekehrt (Geulincx, Malebranche).

Okkultismus, Geheimwissenschaft, die »Wissenschaft« vom Okkulten, Verborgenen, Übersinnlichen, der gewöhnlichen Erfahrung nicht Zugänglichen. Goethe offenbart seine Stellung zum O. im Gespräch mit dem Kanzler von Müller: »Ich habe mich immer von Jugend auf vor diesen Dingen gehütet, sie nur parallel an mir vorüberlaufen lassen. Zwar zweifle ich nicht, daß diese wundersamen Kräfte in der Natur des Menschen liegen, ja, sie müssen darin liegen, aber man ruft sie auf falsche, oft frevelhafte Weise hervor. Wo ich nicht klar sehen, nicht mit Bestimmtheit wirken kann, da ist ein Kreis, für den ich nicht berufen bin.«

Ökologie, die Wissenschaft von der Lebensart, Lebensweise der Lebensgewohnheiten der Pflanzen und Tiere.

Ökonomie, Wirtschaftlichkeit; ihr Prinzip ist: größtmöglichste Leistung mit den geringsten Mitteln, Erreichung eines Zweckes mit dem geringsten Aufwand von Kraft. Das Ökonomieprinzip ist in der Natur verwirklicht und offenbart sich auch im Denken, in der Wissenschaft, wo es immer mehr bewußt angewandt wird, um die Tatsachen mit dem geringsten Gedankenaufwand darzustellen.

Om mane padme hum, Gebetsformel der Buddhisten: O du Juwel in der Lotosblüte (= Buddha).

Omne vivum ex ovo, alles Lebendige entwickelt sich aus einem Ei (Harvey). Omnis cellula e cellula, jede Zelle stammt von einer Zelle (Virchow).

Ontogenese, Entwickelung des Individuums, Keimesentwickelung. — Ontogenie: Keimesgeschichte. Vgl. Phylogenie und Biogenetisches Grundgesetz.

Ontologie, »Wissenschaft« vom Sein an sich (= Metaphysik); »die Wissenschaft der Dinge aus Begriffen« (Kant).

ontologisches Argument, s. Gottesbeweise.

ontologische Methode, ein logisches Verfahren, welches aus Begriffen Realitäten ableitet, aus dem Begriff die Existenz erschließt. Diese Methode gibt keinerlei Erkenntnisse.

Opposition, Entgegensetzung zweier Urteile.

Optimismus, eine Ansicht oder eine Stimmung des Gemüts, welche Dinge und Geschehnisse von der besten Seite auffaßt und in allem einen guten Ausgang erhofft; im absoluten Sinn die Ansicht, daß diese Welt die beste aller möglichen sei (s. Leibniz). Gegensatz: Pessimismus. S. auch Meliorismus.

optisch, auf die Gesichtswahrnehmungen bezüglich.

organisch, belebt, einen Organismus bildend.

Organismus, Lebewesen, Verbindung eines lebendigen Mannigfaltigen zu einem einheitlichen Ganzen.

Organon, Werkzeug, Mittel; »eine Anweisung, wie ein gewisses Erkenntnis zustande gebracht werden soll« (Kant).

Original, Urbild; ursprünglich, eigenartig.

Orphiker, griechische Dichter des sechsten Jahrhunderts, Verfasser von kosmo- und theogonischen Mythen, die fälschlich dem Orpheus zugeschrieben wurden.

Orthodoxie, Rechtgläubigkeit, dogmatische Erstarrung in einem statutarisch festgelegten Glauben.

Orthogenesis, bestimmt gerichtete Entwickelung, im Gegensatz zur richtungslosen Variation, wie sie Darwin angenommen.

orthos logos, rechte, das Richtige treffende Vernunft.

P.

Pädagogik, Erziehungslehre, Erziehungskunst. Vgl. Erziehung.

Palingenesie, Wiedergeburt der Seelen. Kant nennt sie eine »windige Hypothese«.

Palingenesis nennt Haeckel die Wiederholung phylogenetischer (Vorfahren-) Zustände in der Entwickelung des Individuums (s. Biogenetisches Grundgesetz).

Panentheismus, All-in-Gott-Lehre, nach welcher Gott der Welt immanent und zugleich transzendent sein soll. Die Gottheit ist »absolutes, zugleich weltüberlegenes und in der Welt wirksames Geistesleben« (Eucken).

Panlogismus, All-Vernunft-Lehre, nach welcher der Logos, die Vernunft als das absolut Wirkliche betrachtet wird.

Panpsychismus, Allbeseelungslehre, nach welcher alles beseelt ist, und das All beseelt ist (Weltseele) — »eine reine Spekulation, für welche die psychophysischen Tatsachen keine Handhabe bieten« (Riehl).

Panspermie, Verbreitung von Lebenskeimen im Weltraum, nimmt Svante Arrhenius an.

Pantheismus, die Ansicht, welche das All, die Natur zu Gott macht und außer diesem keinen Gott anerkennt. Seine Formel ist das spinozistische »Deus sive natura«; das Goethesche »Gott-Natur«. Der P. ist ein bloßes

Spiel mit Worten und als Auskunftsmittel nur für den nötig, dem die Größe und Herrlichkeit der Natur noch nicht aufgegangen ist, so daß er sie noch durch den Zusatz »Gott« glaubt erhöhen zu müssen; oder als Anpassungsausdruck an die Denkweise anderer. »Ist die Welt, das Universum, der Inbegriff aller Realität, so ist kein Platz für eine weitere außer ihr: das All kann nur eines sein. Daß man diesen Inbegriff auch noch Gott nennt, ist genau ebenso wichtig, wie die Tatsache, daß ich ein Stiefmütterchen auch viola tricolor oder daß ich ein Examen auch eine Prüfung heiße« (Külpe). »Der Pantheismus ist nur ein höflicher Atheismus« (Schopenhauer).

paradox, dem allgemein für wahr gehaltenen entgegengesetzt, daher verblüffend.

Parallelismus (psychophysischer), von manchen Philosophen angenommenes Verhältnis zwischen Denken und Sein, Psychischem und Physischem, die einander entsprechen sollen, ohne identisch zu sein. Eine Wechselwirkung ist nach dieser Annahme ausgeschlossen. Der Ausdruck »psychophysischer P.« wird von der positivistischen Philosophie nicht in metaphysischem Sinn, sondern »nur als methodische Regel verstanden, die uns anweist, die psychologische Analyse der Bewußtseinserscheinungen als solcher mit der physiologischen ihrer körperlichen Begleiterscheinungen zu verbinden und so zu einer beiderseitigen Betrachtung zu gelangen« (Riehl).

Paralogismus, Fehlschluß.

Paranoia, Verrücktheit, Irrsinn.

partikulär, teilweise.

Parusie, bei Plato die Gegenwart der Ideen in ihren Erscheinungen; in der christlichen Theologie die Wiederkunft des Christus.

Passion, Leiden, Affekt, Leidenschaft.

passiv, leidend, untätig.

pathetisch, gehoben, leidenschaftlich.

Pathognomik, Erkenntnis der Gemütserregungen aus den Spuren, die sie im Antlitz oder im ganzen Körper bewirken.

pathologisch, krankhaft, abnorm.

Pathos, Leiden, leidenschaftliche Erregtheit.

Patristik, die Philosophie der Kirchenväter.

Perfektibilismus, Lehre von der stetigen Vervollkommnung des Menschengeschlechts.

Perfektionismus, diejenige ethische Richtung, welche die Vollkommenheit oder die Vervollkommnung des Menschen als den Zweck des sittlichen Wollens hinstellt.

per impossibile, Annahme eines Unmöglichen, zwecks einer Beweisführung.

Periodizität, regelmäßige Wiederkehr in bestimmten Zwischenräumen.

Peripatetiker heißen die Schüler und Anhänger des Aristoteles nach den Gängen des Lykeion, Peripatoi, in denen Aristoteles zuerst lehrte.

Peripetie, Umschlag, plötzlicher Wechsel der Schicksalsumstände.

permanent, bleibend, dauernd.

per se, durch sich selbst, von anderem unabhängig, absolut.

Perseität, das Durch-sich-selbst-Sein.

personifizieren, als Person auffassen.

Persönlichkeit ist die sich selbst und ihres Zweckes bewußte Individualität (s. d.).

Perzeption, Wahrnehmung; perzipieren, wahrnehmen.

Pessimismus, diejenige philosophische Richtung, welche die Welt für unverbesserlich schlecht, für ein »Jammertal« hält; diejenige Gemütsstimmung, welche in allen Dingen, allen Geschehnissen nur das Schlechteste sieht. Ein Pessimist ist ein »Schwarzseher«. Der klassische Philosoph des P. ist Schopenhauer (vgl. dessen Welt als Wille und Vorstellung). »Wenn des Übels auch hundertmal weniger auf der Welt wäre, als der Fall ist, so wäre dennoch das bloße Dasein desselben hinreichend, die Wahrheit zu begründen, daß wir über das Dasein der Welt uns nicht zu freuen, vielmehr zu betrüben haben; daß ihr Nichtsein ihrem Dasein vorzuziehen wäre; daß sie etwas ist, das im Grunde nicht sein sollte« (Schopenhauer).

Der Gotteserde lichten Saal
Verdüstern sie zum Jammertal.
Daran entdecken wir geschwind,
Wie jämmerlich sie selber sind. (Goethe.)

Petitio principii, stillschweigend beabsichtigte oder unbewußte Voraussetzung eines erst noch zu beweisenden Satzes als Prämisse als Beweisgrund.

Pflicht, »du erhabener großer Name, der du nichts Beliebtes, was Einschmeichelung bei sich führt, in dir fassest, sondern Unterwerfung verlangst, doch auch nicht drohest, was natürliche Abneigung im Gemüte erregte und schreckte, um den Willen zu bewegen, sondern bloß ein Gesetz aufstellst, welches von selbst im Gemüt Eingang findet, und doch wider Willen Verehrung (wenngleich nicht immer Befolgung) erwirbt, vor dem alle Neigungen verstummen, wenn sie gleich ihm entgegen wirken.« Pflicht ist ein Sollen, zu dem sich das eigene Wollen objektiv verbunden fühlt; »eine Handlung, deren bloße Unterlassung ein Unrecht ist« (Schopenhauer).

Phänomen, Erscheinung, im Unterschied zum Ding an sich.

Phänomenalismus, diejenige Richtung der Philosophie, welche das in der Erfahrung Gegebene als Erscheinung betrachtet und nur die Erscheinungen (Phänomene) für erkennbar hält, nicht die Dinge an sich; dem Ph. ist die »Welt« ein intellektuelles Phänomen.

Phänomenologie, Erscheinungslehre; »eine bis zu den letzten Elementen vordringende Analyse der sinnlichen Erscheinungen in sich selbst« (Stumpf); nach Hegel die Lehre von der Entstehung des absoluten Wissens.

Phänomenon, Erscheinung.

Phantasie, ursprünglich Vorstellung und Vorstellungskraft, sodann das freie Spielen von Vorstellungselementen und ihre Verknüpfung zu neuen, nicht in der Wahrnehmung gegebenen Vorstellungskomplexen; Einbildungskraft.

Phantasma, Phantasiebild, Trugbild, Halluzination.

Phantasmagorie, Trugbild.

Pharisäer, Bezeichnung eines Menschen, der am Wahnsinn der Selbstgerechtigkeit leidet (nach Lukas 18, 10 ff.).

Philister, ein Mensch, der seinen eigenen beschränkten Gesichtskreis in intellektueller und moralischer Hinsicht zu allgemein gültiger Begrenztheit macht, seine Borniertheit als Gesetz allen anderen Menschen in Vergangenheit, Gegenwart und Zukunft vorschreibt.

Was ist ein Philister? Ein hohler Darm,
Von Furcht und Hoffnung ausgefüllt,
Daß Gott erbarm. (Goethe.)

Philosophie, wörtlich Liebe zur Weisheit; es gibt sehr viele verschiedene Definitionen dessen, was Philosophie genannt wird. Die nach unserer Meinung treffendste gibt Wundt: »Ph. ist eine allgemeine Wissenschaft, welche die durch die Einzelwissenschaften vermittelten allgemeinen Erkenntnisse zu einem widerspruchslosen System zu vereinigen hat«, die Zusammenfassung unserer Einzelerkenntnisse zu einer Welt- und Lebensanschauung (theoretische und praktische Philosophie).

Nach Ludwig Feuerbach: »die Wissenschaft von der Wirklichkeit in ihrer Wahrheit und Totalität«. Logik, Erkenntnistheorie, Psychologie, Ethik, und Ästhetik sind nicht mehr und nicht weniger philosophische Disziplinen als alle anderen Wissenschaften.

Phoronomie, Bewegungslehre.

Phrenologie, die vermeintliche Wissenschaft, welche aus den Formverhältnissen des Schädels die geistigen Eigenschaften und Fähigkeiten zu erkennen sucht.

Phronema nennt Haeckel die Denkorgane in der Großhirnrinde; s. Lokalisation.

Phylogenese, Stammesentwickelung; die Entwickelung der Pflanzen- und Tierarten, -Gattungen, -Familien, -Klassen, -Stämme. Vgl. Biogenetisches Grundgesetz.

Phylogenie, Stammesgeschichte, die Wissenschaft von der erdgeschichtlichen Entwickelung der Organismenarten, -Familien, -Klassen und Stämme.

Physikotheologie, »der Versuch der Vernunft, aus den Zwecken der Natur auf die oberste Ursache der Natur und ihre Eigenschaften zu schließen« (Kant, U. II § 85). »Ordnung und Zweckmäßigkeit in der Natur muß wiederum aus Naturgründen und nach Naturgesetzen erklärt werden, und hier sind selbst die wildesten Hypothesen, wenn sie nur physisch sind, erträglicher als eine hyperphysische, d. i. die Berufung auf einen göttlichen Urheber, den man zu diesem Behuf voraussetzt.«

Physiognomik, die »Wissenschaft«, welche aus den Gesichtszügen, der Physiognomie, den Charakter eines Menschen zu erschließen sucht.

Physiologie, Wissenschaft von den Funktionen der Organismen.

physiologische Psychologie; sie bezieht im Gegensatz zur »reinen« Ps. die psychischen Vorgänge auf physiologische (Nerven-) Prozesse.

Physis, Natur.

physisch, natürlich, körperlich. Gegensatz: psychisch, seelisch, geistig; oder hyperphysisch, übernatürlich.

Pietät, Frömmigkeit, ehrfürchtige Scheu.

Platonismus, die Philosophie Platos, insbesondere die Ideenlehre Platos: die Ideen als Urbilder der Dinge, als die wahren Wesenheiten.

Pleroma, göttliche Fülle.

Pluralismus, Vielheitsweltanschauung die philosophische Richtung, welche die Wirklichkeit als aus vielen selbständigen Wesenheiten bestehend auffaßt (Atomismus, Monadologie).

Pneuma, Hauch, ätherisches Feuer; Lebenskraft, Geist.

Pneumatik, Pneumatologie, Geisterlehre, Geisteslehre.

Polarität, gegensätzliches Verhalten, die Entfaltung eines Wesens nach zwei entgegengesetzten, doch aber sich gegenseitig bedingenden Richtungen hin.

Politik, Staatswissenschaft, Staatskunst. Muß angewandte Soziologie sein (s. d.), ist aber gegenwärtig noch weit entfernt davon.

Polymathie, Vielwisserei, Gelehrsamkeit.

Polytheismus, Vielgötterei, eine Religion mit vielen Gottheiten.

Position, Satzung, Bejahung.

positiv, bejahend. Das Positive ist das, was gesetzt, versichert, behauptet wird.

Positivismus, diejenige Richtung der Philosophie und Wissenschaft, welche vom Positiven, Gegebenen, Wirklichen ausgeht, ihre Forschung und Darstellung darauf beschränkt und Erörterungen transzendenter metaphysischer Art ablehnt. »In der wissenschaftlichen Forschung ist der Positivismus, der Weg der Erfahrung, an seinem Platze; wo aber die Lebensweisheit, welche nicht Wissenschaft ist, sondern Kunst, dem Willen neue Ziele entdeckt, hat alle bisherige Erfahrung keine entscheidende Stimme« (Riehl).

possibel, möglich.

post hoc, das Nachher, Nacheinander; ist nicht immer ein propter hoc, d. h. steht nicht in einem Kausalverhältnis.

Postulat, Forderung, Voraussetzung, die eines strengen Beweises entbehrt, aber auf Grund von Tatsachen gesetzt werden muß. Ein P. der praktischen Vernunft ist nach Kant »ein a priori gegebener, keiner Erklärung seiner Möglichkeit (mithin auch keines Beweises) fähiger praktischer Imperativ«. »Man postuliert also nicht das Dasein irgendeines Gegenstandes, sondern nur eine Maxime (Regel) der Handlung eines Subjekts.«

Kants Postulate der praktischen Vernunft sind: Freiheit des Willens, Unsterblichkeit der Seele, Existenz Gottes.

potentielle Energie (s. Energie) = ruhende, nicht wirkende E.

Potenz, Möglichkeit, Kraft, Vermögen.

Prädestination, Vorausbestimmung.

Prädikabilien, abgeleitete Verstandesbegriffe, im Gegensatz zu den Prädikamenten, d. h. den Kategorien.

Prädikat, das, was von einem Subjekt ausgesagt wird.

Präexistenz, früheres Dasein, Existenz der Seele in einer früheren Zeit, vor ihrer jetzigen Verkörperung.

Präformation, Vorausgestaltung, Vorbildung. Die Präformationslehre nahm an, daß die Teile des Körpers im Ei schon vollständig vorgebildet seien, aber nur so klein, daß sie der Wahrnehmung entgingen. Die Entwickelung wurde nur als Entfaltung, Wachstum der Teile aufgefaßt. Vgl. Epigenese.

pragmatisch, das Handeln betreffend, resp. den inneren Zusammenhang der Handlungen und ihre Nützlichkeit; praktisch-nützlich.

Pragmatismus, philosophische Richtung, welche die Wahrheit unter dem Gesichtspunkt der Nützlichkeit für Leben und Entwickelung betrachtet, den Wert nicht auf Abstraktionen und Theoretisieren, sondern auf Tatsachen und Taten legt. Gedanken sind wahr, insofern sie uns behilflich sind, uns in zweckentsprechende Beziehungen zu anderen Teilen unserer Erfahrung zu setzen (James), oder: »Was fruchtbar ist, allein ist wahr« (Goethe).

praktische Philosophie heißt die Philosophie, sofern sie aufs Handeln gerichtet ist, also die Ethik.

praktische Vernunft nennt Kant die Vernunft, insofern sie die Gesetze des Handelns erforscht und bestimmt. S. auch Postulat.

Prämissen, Vordersätze eines Schlusses.

präsent, gegenwärtig.

prästabilierte Harmonie, s. Harmonie.

Praxis, Handlung, tätiges Sein. Gegensatz: Theorie.

präzis, genau, abgemessen.

Prestige, Ansehen, Autorität.

primär, zuerst, ursprünglich; Locke unterscheidet die primären Qualitäten der Dinge (Form, Größe, Bewegung oder Ruhe usw.), die von dem Begriff des Körpers nicht zu trennen sind, von den sekundären (Farbe, Geschmack, Geruch usw.), die nur Wirkungen der Körper auf unsere Sinnesorgane bezeichnen.

Primat, Vorrang. Kant spricht vom P. der praktischen Vernunft gegenüber der theoretischen, Schopenhauer vom P. des Willens gegenüber dem Intellekt.

primitiv, ursprünglich, anfänglich, einfach, unentwickelt.

Principia: Contra principium negantem non est disputandum: bei entgegengesetzten, einander ausschließenden Prinzipien (Standpunkten) ist eine Diskussion nicht möglich.

Principia demonstrandi, Beweisgründe.

Principia non sunt multiplicanda praeter necessitatem: unnötigerweise dürfen nicht mehrere Prinzipien verwendet werden; positiv ausgedrückt: In der Erklärung des Naturgeschehens (im ganzen oder einzelnen) dürfen nicht mehr Prinzipien verwendet werden, als unbedingt nötig sind (Prinzip der Einfachheit).

Prinzip, Grundsatz, Ausgangspunkt, Voraussetzung, Urgrund.

priori, a., s. A priori.

Priorität, das zeitliche Vorhergehen, Vorrang.

Privation, Beraubung, Art der Negation.

probabel, wahrscheinlich, annehmbar.

Probabilismus, der sich nach dem Wahrscheinlichen richtende Standpunkt. »Steht unmittelbar und ausschließlich die Erlaubtheit oder Unerlaubtheit einer Handlung in Frage, so darf man der milderen Ansicht folgen, solange dieselbe solid wahrscheinlich ist, auch wenn die entgegengesetzte Ansicht unzweifelhaft die größere Wahrscheinlichkeit für sich hat« (der Jesuit Cathreiner).

Problem, eine ungelöste, der Lösung harrende Aufgabe, Frage.

problematisch, fraglich, zweifelhaft, unentschieden; p. ist ein Urteil, bei dem das Bejahen oder Verneinen als bloß möglich angenommen wird.

problematische Naturen, so nennt Goethe Charaktere, »die keiner Lage gewachsen sind, in der sie sich befinden, und denen keine genug tut; daraus entsteht der ungeheure Widerstreit, der das Leben ohne Genuß verzehrt«.

Produkt, Erzeugnis, Ergebnis.

Produktion, Erzeugung.

produktiv, fruchtbar, Produkte hervorbringend.

Prognose, Voraussagung.

Progreß, Fortschritt; Progression, Fortgang; progressiv, fortschreitend.

Projekt, die Vorstellung eines Künftigen als Willensmotiv.

Projektion, Hinausverlegung; spez. »P. der Empfindung«: die Tatsache, daß wir unsere Empfindungen nach außen, in den Raum verlegen; sie ist nur erklärlich unter der Annahme der Wirklichkeit des Raumes.

Prolegómena, Vorbemerkungen, vorläufige Mitteilung, Einleitung zu einer Wissenschaft.

Propädeutik, Vorbereitung, Vorübung, Vorbildung.

Proposition, Satz, Urteil.

propter hoc, s. post hoc.

prospektiv, vorausschauend.

Proton pseudos, Grundirrtum, falsche Voraussetzung zu Anfang einer längeren Beweisführung, aus der andere Irrtümer fließen.

Protoplasma, der Lebensstoff, das eigenartige Gemisch hochkomplizierter chemischer Verbindungen (Eiweißstoffe, Fette, Kohlenhydrate), an dem sich die Erscheinungen des Lebens zeigen; das stoffliche Substrat des Lebens.

Protozoen, Urtiere, vom Formwert einer Zelle.

Prozeß, gesetzmäßig zusammenhängende Reihe von Vorgängen.

Psyche, soviel wie Seele (s. d.).

psychisch, seelisch, geistig. Gegensatz: physisch. Psychisch und bewußt wird von manchen Philosophen als gleichbedeutend aufgefaßt. Nach der Identitätsphilosophie sind psychisch und physisch nur verschiedene Bezeichnungen für ein und dasselbe Wirkliche. Psychisch ist das innere subjektive Erleben, Selbstwahrnehmen eines neurologischen Prozesses (Jodl).

Psychiatrie, Seelenheilkunde.

Psychismus, diejenige Richtung der Philosophie, welche das Psychische als allein wirklich, als allein gegeben annimmt.

Psychogenesis, die Entwicklung des Seelischen beim Kind wie bei der Rasse, ontogenetisch wie phylogenetisch.

Psychoid, seelenartig, dem Psychischen ähnliche Kraft.

Psychologie, Seelenlehre, Wissenschaft von der Seele (s. d.). Insofern das Psychische als das An-sich der Dinge, als die Selbstwahrnehmung eines neurologischen Prozesses (Jodl), als der bei sich selbst befindliche Lebensprozeß (Eucken) betrachtet wird, kann die Psychologie als Metaphysik bezeichnet werden; »die Metaphysik der denkenden Natur heißt Psychologie« (Kant). Da nun eine Metaphysik als

Wissenschaft unmöglich ist — die Psychologie ist als »Wissenschaft vom Subjektiven« (Külpe), objektiv exakt nicht darstellbar — so ist die Psychologie als Wissenschaft unmöglich, oder nur in ihrem Korrelat als Physiologie der Großhirnrinde (menschliche und tierische Psychologie) oder als Naturphysik überhaupt (kosmische Psychologie). —

Aufgabe der P. ist nach Münsterberg: »Die Gesamtheit der Bewußtseinsinhalte in ihre Elemente zu zerlegen, die Verbindungsgesetze und einzelnen Verbindungen dieser Elemente festzustellen und für jeden elementaren psychischen Inhalt empirisch die begleitende physiologische Erregung aufzusuchen, um aus der kausal physiologischen Koexistenz und Sukzession jener physiologischen Erregungen die rein psychologisch nicht erklärbaren Verbindungsgesetze und Verbindungen der einzelnen psychischen Inhalte mittelbar zu erklären.«

psychologisch, die Psychologie betreffend.

Psychom, psychischer Vorgang.

Psychomonismus, die Annahme, daß alles Wirkliche rein psychischer Natur sei.

Psychopathologie, Lehre von den Geisteserkrankungen, Seelenstörungen.

Psychophysik, Wissenschaft von den Beziehungen zwischen »Seele« und Leib, insbesondere die messende Vergleichung der Reize und der Reizwirkung (psychischen Reaktion, Empfindung).

psychophysisch, seelisch-körperlich, psychophysischer Parallelismus (s. d.).

Psychoplasma nennt Haeckel die stoffliche Grundlage der psychischen Funktionen des Körpers, also das Plasma des Nervensystems.

Psychosen, Seelenstörungen, Geisteskrankheiten. Sie beruhen auf Erkrankungen des Gehirns, insbesondere der Assoziationszentren (s. Lokalisation).

Q.

Qualität, Beschaffenheit, das »Wie« und »Was« der Dinge, die Summe ihrer Eigenschaften. Die Zurückführung der Q. auf Quantität versucht die Physik. S. auch Kategorien.

qualitativ, die Qualität betreffend.

Quantität, Menge, Größe, zahlenmäßige Bestimmtheit, Anzahl. S. auch Kategorien.

quantitativ, Quantität betreffend.

Quiddität, Washeit, Wesenheit.

Quietismus, Standpunkt des ruhigen, passiven, affektlosen Verhaltens, des widerstandlosen Sichergebens; seine Formel ist: Wie Gott will, ich halt' still.

Quietiv, Beruhigungsmittel.

Qui nimium probat, nihil probat; wer zuviel beweist, beweist nichts.

Quintessenz, Extrakt, Wesen.

R.

radikal, auf den Grund (die Wurzel) gehend.

Ratio, Vernunft.

Ratiocinatio, Schlußfolgerung.

rational, der Vernunft, dem Denken angehörig, vernünftig, auf das Denken bezüglich, aus der Vernunft, dem Denken stammend.

Rationalismus, die philosophische Richtung, welche die Vernunft, das Denken, als wesentliche oder alleinige oder vorzüglichste Erkenntnisquelle betrachtet: »Nur das Denken kann erzeugen, was als Sein gelten darf« (Cohen).

Gegensatz: Empirismus. Im besonderen bedeutet R. eine vernunftgemäße Auffassung religiöser Lehren.

rationell, vernunftgemäß.

Raum und Zeit betrachtet Kant als die subjektiven Formen der Anschauung, der Sinnlichkeit. Raum im philosophischen Sinn ist das abstrakte Sein (das konkrete ist die Substanz), Zeit das abstrakte Werden (das konkrete ist die Entwickelung der Substanz, die stetige Veränderung der Energiematerie).

Reaktion, Rückwirkung, Gegenwirkung.

real, wirklich, nicht nur in Gedanken seiend. Gegensatz: ideell.

Realdefinition, eine Definition (s. d.), welche die Merkmale eines Begriffes entwickelt.

Realen, bei Herbart die einfachen, unmateriellen, unzerstörbaren Prinzipien des Seins.

realisieren, verwirklichen, in die Tat, in die Wirklichkeit umsetzen, zum Objekt machen.

Realismus, 1. als Gegensatz zum Nominalismus (s. d.) die Ansicht, daß die Allgemeinbegriffe Realität besitzen.

2. erkenntnistheoretisch im Gegensatz zum Idealismus die Annahme einer vom erkennenden Subjekt unabhängig bestehenden Außenwelt. Der transzendentale R. betrachtet Zeit und Raum als Dinge an sich; der empirische R. läßt unseren äußeren Anschauungen etwas Wirkliches in Raum korrespondieren. Der naive R. nimmt eine vom Bewußtsein unabhängige Existenz der Dinge an in derselben Weise, wie sie vorgestellt werden. Der kritische R. nimmt eine vom Bewußtsein unabhängige Wirklichkeit an, läßt aber im Zweifel, ob dieses Sein mit dem Bewußt-Sein, dem Sein der Vorstellungen, identisch ist oder nicht.

3. praktisch im Gegensatz zum praktischen Idealismus der Standpunkt, der die Dinge nimmt, wie sie sind (abgesehen von erkenntnistheoretischen Erwägungen), nicht, wie man sie etwa wünscht. Ohne diesen Realismus ist ein wahrer Idealismus unmöglich.

Realität, Wirklichkeit, vom Denken unabhängiges Sein, das, was mit der Empfindung korrespondiert.

recht ist das, was einem Begriff, einer Forderung gemäß ist.

Reflexbewegung, eine Bewegung, die ohne eine Vorstellung irgendwelcher Art (Willensvorstellung usw.) auf einen Reiz hin erfolgt.

Reflexion, das Zurücklenken der Aufmerksamkeit von den Objekten auf das Subjekt und die Beobachtung des Verhältnisses, das man als Subjekt zum Objekt einnimmt. — Nachdenken, Überlegen, selbstbewußtes Denken.

R. ist nach Kant der Zustand des Gemüts, in welchem wir uns zuerst dazu anschicken, um die subjektiven Bedingungen ausfindig zu machen, unter denen wir zu Begriffen gelangen können. Sie ist das Bewußtsein des Verhältnisses gegebener Vorstellungen zu unseren verschiedenen Erkenntnisquellen, durch welches allein ihr Verhältnis untereinander richtig bestimmt werden kann. »Die Verhältnisse aber, in welchem die Begriffe in einem Gemütszustande zueinander gehören können, sind die der Einerleiheit und Verschiedenheit, der Einstimmung und des Widerstreits, des Inneren und des Äußeren, endlich des Bestimmbaren und der Bestimmung (Materie und Form)«. Diese Begriffe sind Reflexionsbegriffe.

Regel, begrifflich formulierte, nicht ausnahmslose Gleichförmigkeit des Seins, Geschehens und Handelns.

regressiv, rückwärts schreitend (vom Bedingten zu den Bedingungen).

Regressus, Zurückgehen. Regressus in infinitum, Zurückgehen ins Unendliche, ohne Abschluß.

regulativ ist »ein Grundsatz der größtmöglichen Fortsetzung und Erweiterung der Erfahrung, nach welchem keine empirische Grenze für absolute Grenze gelten muß; also ein Prinzip der Vernunft, welches als Regel postuliert, was von uns im Regressus geschehen soll, und nicht antizipiert, was im Objekte vor allem Regressus an sich gegeben ist« (Kant). »Der Grundsatz der Vernunft ist also eigentlich nur eine Regel, welche in der Reihe der Bedingungen gegebener Erscheinungen einen Regressus gebietet, dem es niemals erlaubt ist, bei einem Schlechthin-Unbedingten stehen zu bleiben« (R.V.). Vgl. konstitutiv.

Regulation, Regelung.

reine Vernunft nennt Kant die Vernunft an sich, die isolierte Vernunft, von der gefragt wird, ob sie ein eigener Quell von Begriffen und Urteilen sein könne, die lediglich aus ihr entspringen und dadurch sich auf Gegenstände bezieht. Diese Frage war vom dogmatischen Rationalismus in ausgiebigstem Maße bejaht und beantwortet worden; dagegen wendet sich Kants Kritik.

Reïnkarnation, Wiedergeburt, Wiedereinkörperung einer Seele.

Relation, Verhältnis, Beziehung.

relativ, beziehungsweise, verhältnismäßig, nur unter bestimmten Verhältnissen gültig. Gegensatz: absolut.

Relativismus, diejenige philosophische Richtung, welche alle Erkenntnis als nur relativ betrachtet, als bedingt durch das Verhältnis, in welchem der Erkennende zu dem Erkannten steht, durch den Standpunkt, den er einnimmt, durch seine individuelle Organisation. Außer diesem erkenntnis-theoretischen R. gibt es auch einen ethischen R., dem gut und böse nur als relative Begriffe gelten.

Religion, das Streben des Menschen, sich denkend (Mythus, Dogma, Wissenschaft und Weltanschauung), fühlend (Andacht, Ekstase) wollend und handelnd (Ethik, Kultus) mit einem »Göttlichen« in Beziehung zu setzen, gleichviel, ob dieses Göttliche als existierend oder als Ideal gedacht wird.

Reproduktion, Erneuerung, Wiedererzeugung.

Reservatio mentalis, Vorbehalt in Gedanken.

Resignation, Entsagung, selbsterzwungene Zufriedenheit mit einem glücklosen Schicksal.

Ressentiment, Gegengefühl, Vergeltungsgefühl.

Restriktion, Einschränkung (eines Begriffs auf kleineren Umfang, eines Urteils auf einen kleineren Bereich).

Reue ist nach Spinoza »Unlust, verbunden mit der Idee seiner selbst«, oder »Unlust, begleitet von der Idee einer Tat, die wir aus freier Entschließung des Geistes getan zu haben glauben«. R. »ist keine Tugend, d. h. sie entspringt nicht aus der Vernunft; sondern der, welcher eine Tat bereut, ist doppelt gedrückt und unvermögend«.

Nichts schafft Ungeduld,
Noch weniger Reue;
Diese vermehrt die Schuld
Jene schafft neue. (Goethe.)

Rezeptivität, Aufnahmefähigkeit, der Zustand des Aufnehmens; rezeptiv, aufnehmend. Gegensatz: produktiv, oder spontan.

reziprok, wechselseitig sich bedingend.

Rhetorik, Redekunst.

Rhythmus, die regelmäßige Wiederkehr bestimmter gleichartiger Momente, Phasen, Zustände (Eisler).

Rigorismus, die strenge starre Anwendung eines prinzipiellen Standpunktes, insbesondere des Pflichtbegriffs.

S.

Sacherklärung, s. Realdefinition.

Samkhya, Name eines indischen Systems der Philosophie, welches einen konsequenten Atheismus und Pessimismus vertritt und die Anweisung zur Erlösung von allem Übel gibt. Der Buddhismus ist eine Tochterphilosophie des S.-Systems.

Sarkasmus, beißender Spott.

Scham ist nach Spinoza »Unlust, verbunden mit der Idee einer eigenen Handlung, die wir uns von andern getadelt vorstellen«. Schamhaftigkeit ist Furcht oder Besorgnis vor Scham.

Schluß, die Ableitung eines Urteils aus einem oder aus mehreren Urteilen. Ein vollständiger Schluß besteht aus den beiden Prämissen (Vordersätze) und dem Schlußsatz (Conclusion).

Schmerz, das Bewußtsein einer körperlichen oder seelischen Disharmonie (s. Harmonie); teleologisch betrachtet die Aufforderung, die Harmonie wieder herzustellen. Er ist der »Wächter des Lebens« (Burdach).

Scholastik, die mittelalterliche Philosophie, welche als »Magd der Theologie« die Begründung und Befestigung der theologischen Lehren sich zur Aufgabe machte und sich wegen der tatsächlichen Unbegründbarkeit dieser Lehren in spitzfindige Begriffsakrobatik verstieg.

schön ist ein zusammengesetztes Mannigfaltiges, das in sich harmonisch ist und das Gefühl der Harmonie erzeugt. S. auch Kunst.

Schwelle des Bewußtseins. »So wie man gewohnt ist, vom Eintritt der Vorstellungen ins Bewußtsein zu reden, so nenne ich Schwelle des Bewußtseins diejenige Grenze, welche eine Vorstellung scheint zu überschreiten, indem sie aus dem völlig gehemmten Zustande zu einem Grade des wirklichen Vorstellens übergeht« (Herbart).

Seele (anima, Psyche), der Inbegriff der »Innerungen« (Empfindungen und Vorstellungen) eines Menschen, eines Organismus, eines Systems von Energiematerie überhaupt (als begrifflicher Gegensatz zum Leib, dem Inbegriff seiner Äußerungen); »die Selbsterscheinung desselben Wesens, was als Körper äußerlich erscheint« (Fechner). »Was wir Seele nennen, ist das innere Sein der nämlichen Einheit, die wir äußerlich als den zu ihr gehörigen Leib erkennen« (Wundt). »Wir betrachten die Psyche als Kollektivbegriff für die gesamten psychischen Funktionen des Plasma. ›Seele‹ ist in diesem Sinne ebenso eine physiologische Abstraktion wie der Begriff ›Stoffwechsel‹ oder Zeugung« (Haeckel). Ähnlich Schopenhauer: Unser Denken ist nichts anderes als die organische Funktion des Gehirns: das Gehirn denkt, wie der Magen verdaut.

Seelenblindheit, Seelentaubheit: die Unfähigkeit, einen sinnlich wahrgenommenen Gegenstand in seiner Bedeutung zu erkennen.

Seelenvermögen, als selbständige S. betrachtete die ältere Psychologie: Denken, Fühlen, Wollen. »Alle S. oder Fähigkeiten können auf die drei zurückgeführt werden, welche sich nicht ferner aus einem gemeinschaftlichen Grunde ableiten lassen: das Erkenntnisvermögen, das Gefühl der Lust und Unlust, und das Begehrungsvermögen« (Kant). Die neuere Psychologie faßt alle Erscheinungen des Seelenlebens als verschieden betonte, verschieden gerichtete Zustände ein und derselben Grundkraft auf, als welche bald der Wille, bald die Vorstellung betrachtet wird (voluntaristische und intellektualistische Psychologie). Spinoza hat die monistische Synthese gefunden: der Wille und der Verstand sind ein und dasselbe.

S. auch Geist und psychisch.

Seelenwanderung (Metempsychose), der wiederholte Übergang einer Seele in einen andern Körper, nachdem sie den einen beim Tode desselben verlassen hat; wird von den Ägyptern, Buddhisten, Orphikern und Pythagoreern gelehrt.

seelisch, s. psychisch.

Sein (Existenz), der absolute Charakter eines Dinges, das allgemeinste Prädikat, das von einem Dinge ausgesagt werden kann, dem gegenüber jeder andere Charakter, jedes andere Prädikat eine Einschränkung bedeutet. Der oberste, allumfassende Begriff »Substanz« hat zum Inhalt nur das Sein; jeder Modus ist ein determiniertes Sein. Der Begriff des Seins kommt so zustande, daß von allen Eigenschaften, Beziehungen, Veränderungen abgesehen wird.

Selbstbewußtsein, das Wissen um sich selbst, um das »Ich« als eines denkenden, fühlenden, wollenden Wesens, als eines relativ geschlossenen und relativ beständigen Systems von Energiematerie und dessen Verhältnis zur »Außenwelt«, das Sichfinden als Subjekt gegenüber einem Objekt. Die anatomische Basis des S. liegt in der Körperfühlsphäre der Großhirnrinde und den Assoziationsbahnen, die sie mit anderen Gebieten der Rinde verbinden.

Selbsterkenntnis. Goethe bekennt, »daß ihm von jeher die große und so bedeutend klingende Aufgabe: erkenne dich selbst, immer verdächtig vorkam, als eine List geheim verbündeter Priester, die den Menschen durch unerreichbare Forderungen verwirren und von der Tätigkeit gegen die Außenwelt zu einer inneren falschen Beschaulichkeit verleiten wollten. Der Mensch kennt nur sich selbst, insofern er die Welt kennt, die er nur in sich und sich nur in ihr gewahr wird.«

Selektion, Auslese, Zuchtwahl, die Erhaltung von Organismen, die durch ihre eigene oder die Natur ihrer Umgebung begünstigt sind, bis zur Fortpflanzung. Der auslesende Faktor in der Natur ist der Kampf ums Dasein, aus dem die durch irgendwelche Eigenschaften, Fähigkeiten, Umstände begünstigten Individuen fortpflanzungsfähig hervorgehen, während die weniger begünstigten zugrunde gehen, ohne sich fortzupflanzen; in der Kultur der Mensch, der die ihm genehmen Individuen zur Nachzucht auswählt, die anderen, weniger begünstigten, vernichtet oder doch von der Fortpflanzung ausschließt.

Sensation, Sinnesempfindung.

sensibel, empfindbar, wahrnehmbar; sehr empfindlich. — Mundus sensibilis, die Welt der Dinge; mundus intelligibilis, die Welt der Ideen.

Sensibilität, die Fähigkeit der Sinnesempfindung.

sensitiv, empfindsam.

sensorische Nerven, Empfindungsnerven.

Sensualismus, diejenige erkenntnistheoretische Richtung, welche alle Erkenntnis aus Empfindungen der Sinne ableitet. Den Grundsatz des S. hat Locke ausgesprochen: Im Geist ist nichts, was nicht vorher in den Sinnen war. »All die schöpferische Kraft der Seele ist nichts weiter als die Fähigkeit, den durch die Sinne und die Erfahrung gegebenen Stoff zu verbinden, umzustellen oder zu vermehren« (Hume).

Sensus, Sinn.

Sentiment, Gefühl.

Simplizität, Einfachheit.

simultan, zugleich.

singular, einzeln, einmalig.

Singularismus, diejenige philosophische Richtung, die alle Besonderheiten der Welt aus einem einzigen Prinzip ableitet.

Sinne, die Organe der Organismen, welche die Aufnahme der Reize der Außenwelt vermitteln. Vgl. Sensualismus.

Den Sinnen hast du dann zu trauen,
Nichts Falsches lassen sie dich schauen,
Wenn dein Verstand dich wach erhält. (Goethe.)

Sinnenwelt (mundus sensibilis), das Ganze der Erscheinungen, der Inbegriff der durch die Sinne vermittelten Inhalte des Bewußtseins.

Sinneszentren, s. Lokalisation.

Sinnlichkeit. Es gibt zwei Stämme der menschlichen Erkenntnis, die vielleicht aus einer gemeinschaftlichen Wurzel entspringen: Sinnlichkeit und Verstand, durch deren erstere uns Gegenstände gegeben, durch den zweiten aber gedacht werden (Kant). Der Philosoph der Sinnlichkeit ist Epikur.

S. heißt auch die Neigung zum Sinnengenuß. »Das Übel der Sinnlichkeit liegt in der Abhängigkeit von angenehmen Dingen, nicht in ihrem Genuß« (Carlyle).

Sitte, allgemein gewordene Gewohnheit des Handelns (Wundt), die sich in einer Stammes- oder Volksgemeinschaft, in einer Gesellschaftsschicht, einem Stand oder einer Klasse ausgebildet hat und deren Einhaltung mehr oder weniger streng gefordert wird.

Sittenregeln, s. Wahrheit.

sittlich, was der Sitte entspricht; in höherem Sinn: der Sittlichkeit entsprechend, d. h. ethisch, moralisch. S. auch Norm.

Sittlichkeit, der Inbegriff des Sittlichen, des für »gut« gehaltenen. S. auch Idealist.

Skepsis, Zweifel.

Skeptizismus, diejenige philosophische Richtung, welche den Zweifel zum Prinzip erhebt; insbesondere der Zweifel an einer sicheren Wahrheit. Der »Grundsatz einer kunstmäßigen und szientifischen Unwissenheit, welcher die Grundlagen aller Erkenntnis untergräbt, um womöglich überall keine Zuverlässigkeit und Sicherheit derselben übrig zu lassen.« (Kant, R. V.) Reiner S. ist unfruchtbar im Denken wie im Handeln; oft nur ein Ausdruck der Unwissenheit und Bequemlichkeit.

Solipsismus (theoretischer Egoismus), die philosophische Richtung, welche das Ich mit seinem Bewußtseinsinhalt für das allein seiende hält. Der Solipsist gehört nach Schopenhauers Meinung allein ins Tollhaus.

Sophia, Weisheit.

Sophisma, Trugschluß.

Sophisten, ursprünglich hießen so in Griechenland die Denker und Weisen überhaupt, später die Lehrer der gewandten Rede- und Unterredungskunst, der schlagfertigen Diskussion; durch ihre Tendenz, in der Diskussion à tout prix obzusiegen, geriet die Sophistik mehr und mehr in eine geschwätzige, hohle, spitzfindige Scheinweisheit und in diesem Sinne hat sich ihr Andenken überliefert.

Sophistik, s. Sophisten.

Sophrosyne, Besonnenheit (Mäßigung, Zurückhaltung, Selbstbeherrschung), eine der vier Kardinaltugenden der griechischen Philosophie.

sozial, die Gesellschaft betreffend, Gesellschafts …

Sozialismus, die Gesamtheit von Bestrebungen, welche das wirtschaftliche Leben in der Hauptsache zu einer gemeinsam geregelten Tätigkeit des gesellschaftlichen Körpers machen will (Haushofer); im höheren Sinn die Auffassung des gesamten Menschengeschlechts als einer Arbeits- und Interessengemeinschaft (als eines Ideals), samt allen Bestrebungen, welche dieses Ideal verwirklichen wollen.

Soziologie, Gesellschaftslehre; die Wissenschaft von der Verbindung der Organismen und im besonderen des Menschen zu gesellschaftlichen Verbänden und von den Erscheinungen und Kulturerzeugnissen, die aus diesen Verbindungen resultieren; in diesem Sinne ist S. gleichbedeutend mit Kulturwissenschaft. Die Politik ist (oder sollte sein) angewandte Soziologie. Vgl. Müller-Lyer, Phasen der Kultur; Eisler, Soziologie.

Species, Art.

Spekulation, der Versuch, rein gedanklich zu einer Erkenntnis zu gelangen. Gegensatz: Empirie: »Eine theoretische Erkenntnis ist spekulativ, wenn sie auf einen Gegenstand oder solche Begriffe von einem Gegenstande geht, zu welchem man in keiner Erfahrung gelangen kann. Sie wird der Naturerkenntnis entgegengesetzt, welche auf keine anderen Gegenstände oder

Prädikate derselben geht, als die in einer möglichen Erfahrung gegeben werden können« (Kant).

spekulativ, s. Spekulation.

Spezifikation, Besonderung.

spezifisch, eine Spezies (Art) betreffend, das, was einem Gegenstand wesentlich ist, ihn zu einem besonderen macht.

Sphäre, Kreis, Umfang, Gebiet, Bereich.

Spinozismus, die Philosophie Spinozas: Pantheismus (richtiger Naturalismus!), Identitätslehre, Kausalismus (Mechanismus).

Spiritualismus, diejenige philosophische Richtung, welche das Wirkliche (Absolute) als geistig annimmt, das Körperliche nur als Produkt des Geistigen. »Der Sp. ist ein Rückfall in alte, längst überwundene Irrtümer. Außerdem wird durch ihn der Wahn genährt, als habe nicht die betreffende Einzelwissenschaft über die reale Beschaffenheit ihres Gegenstandes das entscheidende Wort zu sagen, sondern als gäbe es darüber hinaus eine besondere neue Erkenntnis derselben, die tiefer ginge und in das Wesen der Dinge selbständig einzudringen vermöchte« (Külpe).

Spiritualität, Geistigkeit.

spirituell, geistig.

Spiritus, Geist, Lebenshauch. Spiritus rector, herrschender Geist.

spontan, von selbst, aus Eigenem.

Spontaneität, Selbsttätigkeit, Aktivität.

Sprachzentrum, s. Lokalisation.

Stabilität, Festigkeit, Unveränderlichkeit.

Statik, Lehre von dem Gleichgewicht der Kräfte.

Statistik, die zahlenmäßige Darstellung von Zuständen, Verhältnissen, womöglich mit der Absicht, Gesetzmäßigkeiten aufzufinden.

Stetigkeit (Kontinuität), ununterbrochener lückenloser Zusammenhang.

Stimmung, die gemütliche Disposition eines Individuums oder eines gesellschaftlichen Ganzen. Ist physiologisch bedingt.

Stoizismus, die Philosophie der Stoiker, die ihren Namen von der Stoa poikile trägt, einer Säulenhalle in Athen, worin Zeno seine Jünger unterrichtete; charakteristisch ist für den St. der Empirismus, Pantheismus, Materialismus, das natur- und selbstgemäße Leben, das nur Eigenem folgt und durch nichts Fremdes erschüttert wird. Vgl. Seneca, Epiktet und Mark Aurel.

Subjekt, das Ich, insofern es sich einem anderen (Nicht-Ich, Gegenstand, Objekt) gegenüber findet. »Im engsten Sinne ist das Subjekt der in dem Ichgefühl zum Ausdruck kommende Zusammenhang der Willensvorgänge. In der nächst weiten Bedeutung umschließt es den realen Inhalt der Willensvorgänge samt den vorbereitenden Gefühlen und Affekten. In der weitesten Bedeutung endlich erstreckt es sich außerdem noch auf die konstante Vorstellungsgrundlage, die jene subjektiven Prozesse in dem den Träger der

Gemeinempfindungen bildenden Körper des Individuums besitzen« (Wundt).

subjektiv, das Subjekt (Ich) betreffend, für das Subjekt allein gültig, im Subjekt begründet, vom Subjekt abhängig, auf das Subjekt bezogen.

Subjektivismus, die erkenntnistheoretische oder auch ethische Richtung, welche nur subjektive Wahrheiten und Werte anerkennt: das Ich ist das Maß aller Dinge.

Subordination, Unterordnung.

Subreption, Erschleichung der Gültigkeit eines Urteils durch einen Denkfehler.

Subsistenz, das Substanzsein, das Dasein der Substanz.

Substantialität, das Substanz sein.

substantiell, den Charakter der Substanz habend.

Substanz, das Unwandelbare im Dasein, der selbständig beharrende Urgrund der Erscheinungen. Bei Spinoza der höchste allumfassende Begriff; er versteht unter ihm »das, was in sich ist und durch sich selbst begriffen wird.« Es gibt naturgemäß nur eine Substanz und sie ist notwendig unendlich. Die Einzeldinge und Ideen sind »Modi« (Erregungen, bestimmte Daseinsformen) der Substanz, insofern sie unter dem »Attribut« der Ausdehnung oder des Denkens betrachtet wird. Die Substanz ist nichts, was »hinter« den »Erscheinungen« steckt, sondern die Modi zeigen die Substanz offenbar, nur in einem beschränkten Sein, während der Substanz unbeschränktes Sein zukommt. Substanz ist die Einheit vor Energie = Materie (s. d.).

Substanzgesetz, das Gesetz von der Erhaltung der Substanz: in allem Wechsel beharrt die Substanz (die Energie-Materie). Das logische Korrelat des Substanzgesetzes ist das Kausalgesetz.

Substitution, Stellvertretung, Vertauschung.

Substrat, Unterlage, Grundlage, Substanz.

Subsumption, Unterordnung.

Suggestion, geistige Beeinflussung; suggerieren, geistig beeinflussen, einreden; suggestiv, geistig beeinflussend, überzeugend; suggestibel, geistig beeinflußbar.

Sukzession, Aufeinanderfolge.

Sünde, die Abweichung von einem »göttlichen« Gebot, das Unrecht in seiner schlimmsten Form. Goethe findet in der menschlichen Natur neben dem Hang zum Bösen, der Erbsünde, eine Art von Erbtugend, eine angeborene Güte, Rechtlichkeit und besonders eine Neigung zur Ehrfurcht.

Superposition, eine Denkform, welche der Induktion und Deduktion die Richtung gibt (P. Volkmann). Die Denkform wird superponiert.

Superstition, Aberglaube.

Supposition, Voraussetzung, Annahme.

Suppositum, das Vorausgesetzte, Angenommene.

Supranaturalismus, diejenige Richtung des Denkens, welche über die Natur hinausgehende, übernatürliche und übervernünftige Realitäten annimmt, die nur vermöge einer besonderen Funktion des Geistes (Glauben,

Ahnung, Intuition) oder einer über unser Verstehen erhobenen Erkenntnisquelle, der Offenbarung erkennbar sein sollen. Gegensatz: Naturalismus.

Syllogismus, Schluß, Schlußfolgerung.

Syllogistik, Lehre von den Schlüssen.

Symbiose, das Zusammenleben verschiedener Organismen zu gegenseitigem Nutzen.

Symbol, Zeichen, Sinnbild. symbolisch: durch ein Symbol.

Sympathie, Mitgefühl; Zuneigung; sympathisch, was Mitgefühl, Zuneigung erregt. Gegensatz: Antipathie.

Synergie, Mitwirken, Zusammenwirken.

Synergismus, die theologische Lehre, daß der Mensch an seiner Erlösung mitwirkt, diese nicht allein der Gnade Gottes überlassen ist.

Synkretismus, Vereinigung von Gedanken verschiedener Herkunft zu einem Ganzen, das innere Einheit und Widerspruchslosigkeit vermissen läßt.

Synopsis, vergleichende Übersicht.

Synthese, Verbindung, Vereinheitlichung, Vereinigung einer Gegensätzlichkeit oder gegensätzlichen Vielheit zu einer Einheit, in dem die Gegensätze und Widersprüche aufgehoben sind.

synthetisch, durch Synthese.

System, Anordnung eines Mannigfaltigen zu einem einheitlichen wohlgegliederten Ganzen, in dem das Einzelne im Verhältnis zum Ganzen und zu den übrigen Teilen die ihm angemessene Stellung einnimmt.

systematisch, in der Form eines Systems, einer gewissen Ordnung entsprechend.

szientifisch, wissenschaftlich.

T.

Tabula rasa, eine leere unbeschriebene Tafel, ist nach der Ansicht des strengen Sensualismus die Seele vor aller Erfahrung.

Tagesansicht, nach Fechner die Ansicht, welche den Dingen selbst Qualitäten (Farben, Töne usw.) zuschreibt, demgegenüber die von ihm so genannte »Nachtansicht« der Naturwissenschaft die Qualitäten in Quantitäten auflösen will.

Takt, das ursprüngliche oder erworbene Gefühl vom Richtigen und seine Betätigung im Umgang mit Menschen.

Talent, ein bestimmtes geistiges Vermögen, welches das Individuum als »Anlage« ererbt und welches durch Übung zu einer besonders leichten, sicheren, geschickten Funktion gestaltet werden kann (Eisler).

tat twam asi, das bist du, ein Satz der indischen Veda-Philosophie, in dem die Identität von Subjekt und Objekt, Ich und Außenwelt ausgesprochen wird.

Tautologie, eine Erklärung, in die das zu Erklärende wörtlich aufgenommen ist.

Teleologie, Zweckmäßigkeitslehre. Vgl. Zweck.

teleologisch, unter dem Gesichtspunkt des Zweckes; Zweck.

teleologischer Gottesbeweis, s. Gottesbeweise.

Teleosis, Vervollkommnung, die Entwickelung nach einem vollkommeneren Zustand hin.

Telepathie, Fernfühlen, das Wirken von Gedanken, Gefühlen in die Ferne, so, daß sie ein gleichgestimmtes Gehirn in gleicher Form erregen.

Telos, Ziel, Zweck.

Temperament, Gemüts- und Willensveranlagung in bezug auf Art und Weise, Stärke und Ablauf der geistigen, intellektuellen, gemütlichen und Willensprozesse. Temperamente sind nach Lotze »die formellen und graduellen Verschiedenheiten der Erregbarkeit für äußere Eindrücke, der größeren oder geringeren Ausdehnung, mit welcher die angeregten Vorstellungen andere reproduzieren, der Schnelligkeit, mit welcher die Vorstellungen wechseln, der Stärke, mit welcher sich an sie Gefühle der Lust oder Unlust knüpfen, endlich der Leichtigkeit, mit der sich an diese inneren Zustände auch äußere Handlungen knüpfen«. Als vier Temperament-Typen unterscheidet man: starke, schwache; schnelle: cholerisch, sanguinisch langsame: melanch., phlegmat.

Tendenz, die Richtung eines Strebens.

Terminologie, die Gesamtheit der in einer Wissenschaft oder Kunst gebrauchten Fach- oder Kunstausdrücke (termini technici).

Terminus, Grenze, Ziel; Begriff, resp. Begriffswort.

Thanatismus, diejenige philosophische Richtung, welche im Gegensatz zur Unsterblichkeitslehre (Athanatismus) die Annahme einer persönlichen Unsterblichkeit des Inviduums ablehnt.

Theismus, die Annahme eines persönlichen, außer- und überweltlichen Gottes, der als Schöpfer, Erhalter und Regierer der Welt gedacht wird. S. Gott.

Theodizee, die von Theologen oder theologischen Philosophen versuchte Rechtfertigung Gottes wegen des in der Welt vorhandenen Übels. S. Gottesbeweise.

Theogonie, Götterentstehung, Mythus vom Werden der Götter; bei Feuerbach eine Untersuchung über die psychologische Entstehung der Gottesidee.

Theologie, die »Wissenschaft« von Gott; kann vernünftigerweise nur eine Wissenschaft von den Vorstellungen über Gott, resp. über die Götter sein.

Theophanie, die Erscheinung, Offenbarung Gottes.

Theorem, Lehrsatz.

theoretisch, s. Theorie.

Theorie, im Gegensatz zur bloßen Empirie, eine wissenschaftliche Einheit, in welche Tatsachen und Hypothesen verarbeitet sind, ein wissenschaftliches Gebilde, »in der die Tatsachen in ihrer Unterordnung unter die allgemeinen Gesetze erkannt und ihre Verbindungen aus diesen erklärt werden« (Fries). Das hypothetische Element macht jede Theorie problematisch, verleiht ihr nur den Charakter der Wahrscheinlichkeit, nicht den der völligen Gewißheit. — Im Gegensatz zur Praxis bedeutet Th. das begriffliche Erkennen.

Theosophie, Gottesweisheit, das intuitive »Wissen« um Gott und Göttliches.

These, Behauptung, Lehrsatz. In thesi, in der Regel.

Thetik, der Inbegriff von Behauptungen in einer Disziplin.

Theurgie, Einwirkung auf Götter und Dämonen; »ein schwärmerischer Wahn, von anderen übersinnlichen Wesen Gefühl und auf sie wiederum Einfluß haben zu können« (Kant). Theurgie ist ein großer Teil des christlichen Kultus.

Thomismus, die »Philosophie« des Thomas von Aquino, die »Philosophie« der katholischen Kirche.

Toleranz, Duldung.

Topik, die Lehre von den topoi, den logischen »Örtern«. »Man kann einen jeden Begriff, einen jeden Titel, darunter viele Erkenntnisse gehören, einen logischen Ort nennen. Hierauf gründet sich die logische Topik des Aristoteles, deren sich Schullehrer und Redner bedienen konnten, um unter gewissen Titeln des Denkens nachzusehen, was sich am besten für die vorliegende Materie schickte, und darüber mit einem Schein von Gründlichkeit zu vernünfteln oder wortreich zu schwatzen« (Kant, R. V.). Transzendentale Topik ist die Beurteilung der Stelle in der Sinnlichkeit oder im reinen Verstand, die jedem Begriff nach Verschiedenheit seines Gebrauchs zukommt, und die Anweisung nach Regeln, diesen Ort allen Begriffen zu bestimmen (R. V.).

Totalität, Gesamtheit, Allheit.

Totemismus, Religionsform, in welcher bestimmte Tiere oder andere Dinge, die als Ahnherren des Stammes betrachtet werden, verehrt werden.

Tradition, Überlieferung geistiger Bestände von Generation zu Generation.

Traduzianismus, eine Lehre, nach welcher die Seele des Kindes bei der Zeugung aus der Seele des Vaters hervorgeht.

Trägheit, Bezeichnung für die Tatsache, daß ein Körper seinen Zustand der Ruhe oder Bewegung, seine Richtung und Geschwindigkeit nicht ohne äußeren Einfluß aufgibt resp. ändert. Das Gesetz der Trägheit: »Jedes freie System beharrt in seinem Zustande der Ruhe oder der gleichförmigen Bewegung in der geraden Bahn« (Hertz). Es ist nichts anderes als der Ausdruck für die Tatsache, daß »die Bewegungsenergie ihren Wert unverändert beibehält, solange man keine andere Energie zuführt, die diesen Betrag ändert« (Ostwald).

Trance, abnormer (somnambuler) Schlafzustand.

Transformismus, soviel wie Abstammungslehre.

transzendent, über alle mögliche Erfahrung hinausgehend; t. sind alle metaphysischen Begriffe von Gott, Seele, Unsterblichkeit. Im Transzendenten kann sich der Geist beliebig umhertummeln und die gewagtesten Behauptungen aufstellen, weil er sicher sein kann, niemals durch eine Erfahrung widerlegt zu werden. Der Monismus lehnt daher die Diskussion über transzendente »Probleme« als bloße Zeitverschwendung und Gedankenspielereien ab.

transzendental ist alle Exkenntnis, die sich nicht sowohl mit Gegenständen, sondern mit unserer Erkenntnisart von Gegenständen, sofern diese a priori möglich sein soll, überhaupt beschäftigt (Kant). Transzendental ist alles bloß Psychische, das nur der subjektiven Erkenntnis zugänglich ist, während das Empirische aller Erkenntnis offen liegt, vom Transzendenten gar keine Erkenntnis möglich ist. Die Transzendentalphilosophie ist also nach Kant jene Philosophie, welche gar keine Objekte der Sinne zum Gegenstand hat; sie untersucht die besonderen Handlungen und Regeln des reinen Denkens. S. auch Kritizismus.

Transzendenz, die Überschreitung aller möglichen Erfahrung.

Tropesis nennt Haeckel die Strebung, einen Einzelakt des Strebens.

Tropismen, Bewegungen von Pflanzenteilen und Tieren, die durch die Schwerkraft, Luft, Wärme, chemische Stoffe, Elektrizität usw. hervorgerufen werden (Geo-, Helio-, Thermo-, Chemo-, Galvanotropismus). Von den Willenshandlungen des Menschen sind die T. nur dem Grade nach verschieden.

Trugschlüsse (Sophismen), unrichtige Schlüsse, die auf Denkfehlern beruhen.

Tugend, die konstante Richtung des Willens auf das Sittlich-Gute (Eisler). Nach Spinoza ist Tugend ähnlich wie bei den Stoikern nichts anderes als nach den Gesetzen seiner eigenen Natur handeln, das ist aber nichts anderes, als nach der Leitung der Vernunft allein leben. Glückseligkeit ist nicht der Lohn der Tugend, sondern die Tugend selbst.

typisch, urbildlich, vorbildlich, eine Klasse von Dingen oder Vorstellungen repräsentierend.

Typus, Urbild, Vorbild, Muster, Beispiel, welches das Wesentliche einer ganzen Art, Gattung, Klasse zeigt.

U.

Übermensch, die Idee des vollkommenen Menschen. Bei Goethe, dem der Mensch vielleicht nur »ein Wurf nach einem höheren Ziele ist«; bei Nietzsche, dem der Übermensch der »Sinn der Erde« ist.

Umfang eines Begriffes, die Gesamtheit aller Gegenstände oder Begriffe, die unter ihn fallen. S. Begriff.

Unbewußte, das U. nennt Ed. v. Hartmann sein allem zugrunde liegendes Absolutes, das zugleich Wille und Vernunft sei.

unendlich ist, was nicht zu Ende gedacht werden kann, von dem keine Grenzen eingesehen werden können. Als unendlich nach Raum und Zeit wird das Weltall angenommen.

Unio mystica, die mystische Vereinigung der Seele mit Gott

universal, allumfassend.

Universalien, Allgemeinheiten, Gattungsbegriffe. Der Universalienstreit beschäftigte sich mit der Frage nach der Bedeutung der Allgemeinbegriffe (s. Realismus und Nominalismus).

Universum, das All, Weltall.

Unsterblichkeit, neben Gott und Willensfreiheit das dritte Zentraldogma der dualistischen Metaphysik. Es mag auch die geistige Natur der Seele und mit damit ihre Unsterblichkeit angenommen werden — beweisen läßt sie sich nicht — »so kann darauf doch weder in Ansehung der Erscheinungen dieses Lebens als einen Erklärungsgrund, noch auf die besondere Beschaffenheit des künftigen Zustandes Rechnung gemacht werden, weil unser Begriff einer unkörperlichen Natur bloß negativ ist und unsere Erkenntnis nicht im mindesten erweitert noch einigen tauglichen Stoff zu Folgerungen darbietet, als etwa zu solchen, die nur für Erdichtungen gelten können, die aber von der Philosophie nicht gestattet werden« (Kant, R. V.). Das in der Kritik der reinen Vernunft zertrümmerte Dogma von der Unsterblichkeit der Seele führt Kant in der praktischen Vernunft wieder als ein Postulat ein (s. d.).

Insofern die Seele als eine Kraft betrachtet wird (oder physiologisch als die Arbeit der Gehirnzellen), läßt sich das Gesetz von der Erhaltung der Kraft darauf anwenden und von physiologischer (immanenter) Unsterblichkeit reden. »Unsterblichkeit im wissenschaftlichen Sinn ist Erhaltung der Substanz« (Haeckel). »Die Überzeugung von unserer Fortdauer entspringt nur aus dem Begriffe der *Tätigkeit*; denn wenn ich bis an mein Ende rastlos *wirke*, so ist die Natur verpflichtet, mir eine andere Form des Daseins anzuweisen, wenn die jetzige meinen Geist nicht mehr auszuhalten vermag« (Goethe).

unterbewußt, unterhalb der »Schwelle des Bewußtseins« liegend, aber einwirkend auf das Bewußtsein und selbst fähig, die Schwelle des Bewußtseins zu überschreiten.

Upanishad, Geheimlehre, Bezeichnung der späteren Veda-Philosophie.

Ursache, ein Geschehen, mit welchem notwendig ein bestimmtes anderes Geschehen (Wirkung) verknüpft ist (Eisler); Ursache ist die ausschlaggebende Bedingung eines Geschehens, eines Geschehnisses; dieses (die Resultierende) ist vollständig erklärt erst durch die Angabe aller Bedingungen (Konditionen, Komponenten); der Kausalismus muß also, wie Verworn meint, erweitert werden zum Konditionismus (s. d.).

Urteil, eine Aussage, resp. der einer solchen entsprechende Gedankenkomplex; die »Darstellung des Gedankens, und zum Zwecke dieser Darstellung zerlegt es den Gedanken in seine Elemente, die Begriffe. Nicht aus Begriffen setzt demnach das Urteil Gedanken zusammen, sondern Gedanken löst es in Begriffe auf« (Wundt). Kant unterscheidet folgende Arten von Urteilen:

1. nach ihrer Quantität: allgemeine, besondere, einzelne;

2. nach ihrer Qualität: bejahende, verneinende, unendliche;

3. nach ihrer Relation: kategorische, hypothetische, disjunktive;

4. nach ihrer Modalität: problematische, assertorische, apodiktische.

Analytische Urteile oder Erläuterungsurteile sind nach Kant solche U., deren Prädikat im Subjekt bereits enthalten ist (alle Körper sind ausgedehnt); synthetische oder Erweiterungsurteile bringen zu dem Begriff des Subjekts ein Prädikat hinzu, welches in jenem gar nicht gedacht war (alle Körper sind schwer).

Urteilskraft, bei Kant »das Vermögen, unter Regeln zu subsumieren, d. h. zu unterscheiden, ob etwas unter einer gegebenen Regel stehe oder nicht«, oder das Vermögen, das Besondere als enthalten unter dem Allgemeinen (Regel, Prinzip, Gesetz) zu denken.

Urzeugung, Entstehung des Lebens in seinen einfachsten Anfängen aus der sogenannten unorganischen Materie. Die Lehre von der U. stützt sich auf die Tatsache, daß an der Zusammensetzung des »Lebensstoffs« keine chemischen Elemente teilnehmen, welche nicht auch in der sogenannten »toten« Natur angetroffen werden, sodann auf die Entwickelungslehre überhaupt: hat sich unser Kosmos aus einem gasförmigen Urzustand heraus entwickelt, so muß im Laufe dieser Entwickelung auch das »Leben« entstanden sein, in einfachsten Zuständen, denen gegenüber die einfachste »Zelle« einen ungeheuer fortgeschrittenen Zustand repräsentiert.

Utilitarismus, Nützlichkeitsstandpunkt, diejenige ethische Richtung, welche den Zweck des sittlichen Handelns in dem Nutzen, der Wohlfahrt, sei es des Einzelnen, sei es der Gesamtheit, erkennt.

Utopie (»Nirgendheim«), ein in Gedanken konstruierter idealer Zustand.

V.

Variabilität, Veränderlichkeit, ein Prinzip des Darwinismus.

Variation, Veränderung, Abänderung.

Varietät, Abart.

Vedanta, die Philosophie der Veden (indisch).

Velleïtät, Willensregung, rudimentäres Wollen.

Verifikation, die Bewahrheitung einer Hypothese durch Tatsachen; die Hypothese wird durch sie »verifiziert«.

Vermögenspsychologie heißt jene Richtung der Psychologie, welche der Seele drei selbständige Grundvermögen (Verstand, Gefühl und Wille) zuschreibt. Vgl. Seelenvermögen.

Vernunft, das »ganze obere Erkenntnisvermögen«, neben der Sinnlichkeit (s. d.) der andere der beiden Stämme unserer Erkenntnis (Kant, R. V.). Reine Vernunft ist bei Kant das Vermögen der Prinzipien; als solches erzeugt sie selbst Begriffe oder Ideen; sie bezieht sich nicht direkt auf einen Gegenstand der Sinnenwelt, sondern auf den Verstand (das Denken), um dessen Erkenntnis Einheit zu verschaffen. Sie ist das Vermögen, nach Grundsätzen zu urteilen (theoretische Vernunft) und zu handeln (praktische Vernunft). V. ist »diejenige Wirksamkeit des Denkens, welche die Bearbeitung der Wirklichkeit durch Ideen ergänzt, die alle Erfahrung umspannen und doch keiner Erfahrung angehören« (Wundt, Ethik). Vielleicht läßt sich die Vernunft kurz als das sittliche Gesamtbewußtsein eines Menschen usw. bezeichnen. Faule Vernunft, s. d.

Verstand (Intellekt), die Kraft des Denkens, des Erkennens, des richtigen Begreifens, Urteilens und Schließens.

virtuell, dem Vermögen nach.

Vision, Gesichtshalluzination, das Auftreten von rein subjektiven, gegenständlichen Gesichtswahrnehmungen, die für objektiv gehalten werden.

Vis vitalis Lebenskraft.

Vitalismus, diejenige naturphilosophische Richtung, welche zur Erklärung der Lebenserscheinungen eine besondere, nicht physische Kraft annimmt, die Lebenskraft (s. d.).

Voluntarismus, diejenige psychologische oder auch metaphysische Richtung, welche den Willen als die Grundfunktion des Psychischen, resp. als das Grundprinzip des Ansich, des Seins betrachtet. Gegensatz: Intellektualismus. »Die voluntaristische Psychologie behauptet keineswegs, daß das Wollen die einzige real existierende Form des psychischen Geschehens sei, sondern sie behauptet nur, daß es mit den ihm eng verbundenen Gefühlen und Affekten einen ebenso unveräußerlichen Bestandteil der psychologischen Erfahrung ausmache, wie die Empfindungen und Vorstellungen, und daß nach Analogie des Willensvorganges alle anderen psychischen Prozesse aufzufassen seien: als ein fortwährend wechselndes Geschehen in der Zeit, nicht als eine Summe beharrender Objekte« (Wundt).

Vorsehung, die bisher als vorhanden bloß eingebildete »göttliche« V. wird in der menschlichen Kulturentwickelung erst allmählich erreicht durch die fortschreitende Wissenschaft und Technik (wozu auch die Pädagogik, Politik, Hygiene gehören).

Vorstellung, das im Bewußtsein auftretende Bild eines Gegenstandes oder Vorganges der Außenwelt ohne objektive Gegenwart des Vorgestellten (wie bei der Wahrnehmung, Empfindung); die Vorstellung ist eine reproduzierte Wahrnehmung.

W.

Wahlverwandtschaft, in der Chemie die Kraft, welche bei der Bildung chemischer Verbindungen wirksam ist, die Atome verbindet und die Moleküle in sich zusammenhält (Affinität); diese W. zeigt unter verschiedenen Elementen einen sehr verschiedenen Grad. Von Goethe auf menschliche Verhältnisse übertragen: das Gefühl der Zusammengehörigkeit zweier Persönlichkeiten, das nicht mit Bluts- oder bürgerlicher Verwandtschaft zu tun hat und ethisch höher als diese zu bewerten ist.

Wahrhaftigkeit, die Richtung des Willens auf das Wahre.

Wahrheit, die Übereinstimmung des Denkens mit dem Sein, wie es sich der Erfahrung darstellt. »Ein Urteil ist wahr, wenn die darin vorgenommene Formung und Objektivierung dem wirklichen Vorgang in der Weise entspricht, daß Voraussagen, die sich auf das gefällte Urteil gründen, tatsächlich eintreffen, woraus dann hervorgeht, daß das Urteil dem beurteilten Vorgang entspricht, daß es ihm angemessen oder adäquat ist.« »Wahr und falsch bedeutet ursprünglich gar nichts anderes als nützlich oder schädlich im biologischen Sinne« (W. Jerusalem). Ähnlich auch Nietzsche: wahr ist nichts anderes, als was den Zwecken des Lebens dient, das Lebenerhaltende, Lebenfördernde. Ähnlich ferner Simmel: »Wir nennen diejenigen Vorstellungen wahr, die sich als Motive des zweckmäßigen, lebenfördernden Handelns erwiesen haben«; das Wahre ist durch richtungslose Variation des Denkens und Selektion des im Kampf ums Dasein als nützlich bewährten Denkens entstanden. Ähnlich auch schon Goethe: »Kenne ich mein Verhältnis zu mir selbst und zur Außenwelt, so heiße ichs Wahrheit. Und so kann jeder seine eigene Wahrheit haben, und es ist doch immer dieselbige.« »Ich habe bemerkt, daß ich den Gedanken für wahr halte, der für mich fruchtbar ist, sich an mein übriges Denken anschließt und zugleich mich fördert.« »Was fruchtbar ist, allein ist wahr.« — »Alle Gesetze und Sittenregeln lassen sich auf eine zurückführen, auf die Wahrheit. Fehler der Individualität als solcher gibt die moralische Weltordnung jedem zu und nach, darüber möge jeder mit sich selber fertig werden und bestraft sich auch selbst dafür; aber wo man über die Grenzen der Individualität hinausgreift, frevelnd, störend, unwahr, da verhängt die Nemesis früh oder spät angemessene äußere Strafe.«

Wahrnehmung, das Bewußtwerden eines Gegenständlichen, eines Zustandes, eines Vorganges, das durch die äußeren Sinne oder durch den »inneren« Sinn vermittelt wird. In der Wahrnehmung konzentriert sich das Bewußtsein auf eine Empfindung, einen Empfindungskomplex, auf einen Bewußtseinsbestandteil, der dem Gesamtbewußtsein gegenüber objektiviert wird.

Wechselwirkung, psychophysische, wechselseitige Beeinflussung von Seele und Leib, Physischem und Psychischem. Faßt man die Seele mit den Materialisten als einen gehirnphysiologischen Vorgang auf, so besagt die Behauptung einer »psychophysischen« Wechselwirkung nichts anderes als die selbstverständliche gegenseitige Beeinflussung von Gehirn und übrigem Körper. Vgl. Parallelismus, und Identitätslehre.

Weisheit, »die vollendete, richtige Erkenntnis der Dinge, im ganzen und allgemeinen, die den Menschen so völlig durchdrungen hat, daß sie nun auch in seinem Handeln hervortritt, indem sie sein Tun überall leitet« (Schopenhauer).

Welt. Die Ausdrücke Welt und Natur »laufen bisweilen in einander. Der erste bedeutet das mathematische Ganze aller Erscheinungen und die Totalität ihrer Synthesis, im großen sowohl als im kleinen, d. i. sowohl in dem Fortschritt derselben durch Zusammensetzung als durch Teilung. Eben dieselbe Welt wird aber Natur genannt, sofern sie als ein dynamisches Ganzes betrachtet wird, und man nicht auf die Aggregation im Raume oder der Zeit, um sie als eine Größe zustande zu bringen, sondern auf die Einheit im Dasein der Erscheinungen sieht« (Kant, R. V.).

Weltanschauung, der Inbegriff der (gefühlsbetonten) Gedanken-Vorstellungen, Ideen eines Menschen über das Ganze der Welt und seine Stellung in ihr. S. Philosophie.

Weltseele, s. Elektrizität. Die Stoiker verstanden unter der W. den Äther, der nicht in die Bildung der schweren Materie eingegangen ist und in diesem das Wirksame, Belebende darstellt. Unter W., Weltgeist versteht man auch die »kosmische Vernunft«, die kosmische Logik des Seins und Geschehens, die zu fassen der kleinen Vernunft, der Großhirnseele des Menschen unmöglich ist. Diese kosmische Logik ist zugleich die kosmische Ethik, in welcher der Gegensatz von Gut und Böse aufgehoben ist. Vgl. dazu die Einleitung zu Epiktets Handbüchlein der Moral.

Widerspruch (Principium contradictionis). Der Satz vom W. besagt, daß kontradiktorisch einander entgegengesetzte Urteile nicht beide zugleich wahr sein können, sondern das eine muß wahr, das andere muß falsch sein.

Wille ist das Bewußtsein, sofern es von der Vorstellung eines Künftigen erfüllt ist, das durch Innervation der motorischen Nerven herbeigeführt wird; »ein vorwegnehmendes Bild von den Konsequenzen einer Bewegung (James); »eine Begierde, verbunden mit der Voraussetzung der Erlangung des Begehrten« (Herbart). Vgl. Seelenvermögen.

Willensfreiheit, s. Determinismus und Indeterminismus. Goethe: »Wer will, der muß«, und ich fahre fort: »wer einsieht, der will.« Der Determinist hält den Willen für determiniert, ursächlich bedingt, der Indeterminist für unbedingt, ursachlos wirkend. »Es gibt keinen Beweis dafür, daß die Großhirnrinde oder irgendein anderer Teil des Nervensystems die Fähigkeit hätte, aus sich heraus, also ohne vorherige Rezeption von sensiblen Eindrücken eine Bewegung zu erzeugen. Vielmehr spricht ziemlich alleswas wir wissen, dafür, daß dasjenige, was uns als freies Wollen erscheint, nur das Endstadium einer langen Reihe von Prozessen ist, die irgendwann mit sensorischen Rezeptionen begonnen hat« (Edinger, Hirnanatomie und Psychologie). Vgl. auch Freiheit. Erziehung und Gesetzgebung haben nur dann einen Sinn, wenn der Determinismus gilt; denn sie fügen sittliche und rechtliche Forderungen und Grundsätze als Motive, Kausalmomente in das Geistesleben ein.

Wissen heißt Erfahrungen besitzen, die subjektiv und objektiv gewiß sind, sich auf objektive Tatsachen beziehen. Dem Meinen, Glauben, Vermuten geht diese Gewißheit ab. Zur Wissenschaft wird eine geordnete Summe von derartigen Erfahrungen und auf ihnen beruhenden Schlüssen, sowie sie verbindenden Hypothesen. Es gehört zum Wesen der Wissenschaft, daß ihre Erfahrungsgrundlagen als objektiv gewiß dargetan und von jedermann, der mit gesunden Sinnen und gesundem Gehirn ausgestattet ist, als objektiv gewiß erkannt werden können. — Das Ziel der Wissenschaft ist nach Ostwald, den Blick in die Zukunft zu ermöglichen, die Zukunft zu bestimmen.

Würde, der »Ausdruck einer erhabenen Gesinnung« (Schiller).

Y.

Yoga, indisches System der Philosophie, welches die Erlösung vom Dasein, die mystische Vereinigung mit der Gottheit lehrt und durch Askese usw. zu erreichen sucht.

Z.

Zeit, s. Raum.

Zivilisation, die auf die Barberei folgende Vorstufe der Kultur, die den Menschen allmählich zum wohlgeordneten planmäßigen Zusammenwirken mit seinesgleichen erzieht und damit erst die Vorbedingung der Kultur schafft, deren Wesen darin besteht, den Menschen durch immer feinere Analyse der Natur und darauf gegründete Technik zum Herrn der Natur und seiner selbst zu machen. Eine scharfe Grenze zwischen Z. und Kultur ist indessen nicht zu ziehen.

Zufall, das Eintreffen unbeabsichtigter, unvorhergesehener, aber ursächlich bedingter Ereignisse; das Zusammentreffen zweier Ereignisreihen, die in keinem direkten Kausalzusammenhang stehen, ein Zusammentreffen, das einer Berechnung nicht zugänglich ist. »In der Natur, sofern sie anschauliche Vorstellung ist, ist alles, was geschieht, notwendig, denn es geht aus seiner Ursache hervor. Betrachten wir aber dieses einzelne in Beziehung auf das übrige, welches nicht seine Ursache ist, so erkennen wir es als zufällig: dies ist aber schon eine abstrakte Reflexion« (Schopenhauer).

Im Hinblick auf das All ist das Wort Zufall nur ein Verlegenheitsausdruck für die Unzulänglichkeit unserer Erkenntnis.

zureichender Grund, s. Grund.

Zweck, ein vorgestellter und gewollter zukünftiger Vorgang oder Zustand, dessen Verwirklichung ich nicht direkt, sondern nur durch kausale Zwischenglieder (Mittel) herbeizuführen imstande bin (E. v. Hartmann). Die »antizipierte Vorstellung der Wirkung« unseres Handelns (Wundt). Die Quelle aller Zweckvorstellung ist das bewußte Streben nach Selbsterhaltung, resp. Arterhaltung. »Der Zweck, ohne Frage das Prinzip des Wollens und Handelns selbstbewußter Wesen, ist kein Prinzip der Erklärung irgendeiner Naturerscheinung. Er ist ein Fremdling in der Naturwissenschaft und höchstens uneigentlich darf er in ihr verwendet werden: als Formel, als abgekürzter Ausdruck für die Form des Zusammenwirkens physischer Prozesse welche das Leben bedingt« (Riehl). »Die Vorstellungsart, daß ein lebendiges Wesen zu gewissen Zwecken nach außen hervorgebracht und seine Gestalt durch eine absichtliche Urkraft dazu determiniert werde, hat uns in der philosophischen Betrachtung der natürlichen Dinge schon mehrere Jahrhunderte aufgehalten und hält uns noch auf, obgleich einzelne Männer diese Vorstellungsart eifrig bestritten, die Hindernisse, welche sie in den Weg legt, gezeigt haben« (Goethe). Die Vorstellungsart, welche das Naturgeschehen aus Zwecken erklärt, heißt Teleologie. Vgl. auch »Physikotheologie«.

zweckmäßig ist eine Handlung, eine Einrichtung, die geeignet ist, einen Zweck zu erfüllen. Da die Zweckvorstellung (s. Zweck) nur bei denkenden Wesen vorausgesetzt werden kann und wir nur die Menschen als denkende Wesen kennen, so ist es unwissenschaftlich, zum mindesten gewagt, »zweckmäßige« Handlungen und Einrichtungen außerhalb des menschlichen Bereichs auf Zweckvorstellungen, Zweckursachen (Causae finales) zurückzuführen. Es ist wissenschaftlich, die Zweckmäßigkeit in der Natur mit Empedokles und Darwin als Erhaltungsmäßigkeit zu betrachten: das vielfach Verschiedene, das entsteht, erhält sich nur insoweit, als es mit seinen Umgebungsverhältnissen, mit dem Naturganzen harmoniert (s. Harmoniegesetz). Was dazu dient, diese Harmonie herzustellen oder zu erhalten, ist zweckmäßig, d. h. erhaltungsmäßig.

Zweifel. Am Anfang aller Aufklärung, Kritik, Wissenschaft, Emanzipation, Befreiung von Vorurteilen und angemaaßten Autoritäten steht der Zweifel. Nichts macht die Menschen grausamer und rücksichtsloser, wenn sie sich im Besitz des wahren Glaubens oder sonst einer Wahrheitsgewißheit wähnen (van Eycken).

ARTHUR SCHOPENHAUER
WERKE
IN 5 BÄNDEN

Erstmals nach den Ausgaben letzter Hand
herausgegeben und vorgestellt von
Ludger Lütkehaus

Band 1
DIE WELT ALS WILLE UND VORSTELLUNG I
Nach der dritten Auflage, Leipzig 1859.

Band 2
DIE WELT ALS WILLE UND VORSTELLUNG II
Nach der dritten Auflage, Leipzig 1859.

Band 3
KLEINERE SCHRIFTEN
»Über die vierfache Wurzel
des Satzes vom zureichenden Grunde«,
nach der zweiten Auflage, Frankfurt a. M. 1847;
»Über den Willen in der Natur«,
nach der zweiten Auflage, Frankfurt a. M. 1854;
»Die beiden Grundprobleme der Ethik:
Über die Freiheit des Willens. Über die Grundlage der Moral«,
nach der zweiten Auflage, Leipzig 1860;
»Über das Sehn und die Farben«,
nach der zweiten Auflage, Leipzig 1854.

Band 4

PARERGA UND PARALIPOMENA I

Nach der ersten Auflage, Berlin 1851.

Band 5

PARERGA UND PARALIPOMENA II

Nach der ersten Auflage, Berlin 1851.

Dazu ein

BEIBUCH

Einleitung zu Schopenhauers Werken
nach den Ausgaben letzter Hand von Ludger Lütkehaus.
Übersetzung und Nachweis der Zitate, Chronik,
Namen- und Sachregister.

Auch als
Zweitausendeins-Taschenbücher
23/1+2, 24, 25/1+2 & 26.

HAFFMANS VERLAG
BEI ZWEITAUSENDEINS
www.Zweitausendeins.de

"Die Gedanken sind frei"
Philosophen, Essayisten und Gedankendichter
im Haffmans Verlag bei Zweitausendeins

Kleiner ATHEISMUS-KATECHISMUS. Zwingende Zweifel von Friedrich dem Großen, Georg Büchner, Ludwig Feuerbach, Karl Marx, Arthur Schopenhauer, Fritz Mauthner, Arno Schmidt, Ulrich Holbein, Fritz Senn, Polly Toynbee und Ludger Lütkehaus, auf gottfernen Seiten gesammelt von Gerd Haffmans.

SOPHIE ANDRESKY. Echte Männer. Was Frauen wirklich wollen. Verführungen zur Lust.

GEORG BÜCHNER. Werke & Briefe. Vollständige Ausgabe mit Chronik herausgegeben von Fritz Eycken.

WILHELM BUSCH. Die Gedichte. Herausgegeben und mit einem Nachwort »Ein deutscher Klassiker der Komik« von Gerd Haffmans.

PHILIP K. DICK. Sämtliche 118 Science-Fiction-Geschichten in 5 Bänden. Geschichten der angewandten oder auch praktischen Philosophie.

JÖRG DREWS. Dichter beschimpfen Dichter. Die endgültige Sammlung literarischer Kollegenschelten. Mit einem Nachwort des Herausgebers und kämpfenden Bücher-Bildern von Jonathan Wolstenholme.

GUSTAVE FLAUBERT. Der Briefwechsel mit den Brüdern EDMOND & JULES DE GONCOURT. Alle erhaltenen Briefe und alle Eintragungen zu Flaubert aus dem Tagebuch der Brüder erstmals deutsch. Übersetzt und mit Anmerkungen von Cornelia Hasting.

KINKY FRIEDMAN. Der Gefangene der Vandam Street. Ein philosophischer Tropen-Krankheit-Kinky-Krimi. Deutsch von Gunnar Kwisinski.

BRÜDER GRIMM. Kinder- & Haus-Märchen. Die von Jakob & Wilhelm Grimm selbst herausgegebene, rare Kleine Ausgabe von 1852. Nachwort von Peter Rühmkorf.

BRÜDER GRIMM. Kinder- & Haus-Märchen. Ganz Große Ausgabe in 3 Bänden, herausgegeben von Axel Winzer.

ULRICH HOLBEINs Weltverschönerung. Umwege zum Scheinglück. Ein vorläufiges Lebenswerk.

JORIS-KARL HUYSMANS. Gegen Alle. Die Bibel der Dekadenz im Schatten Schopenhauers. Neu übersetzt von Caroline Vollmann. Mit Stimmen von Emile Zola bis Victor Klemperer.

CHARLES LEWINSKY. Der A-Quotient. Theorie und Praxis des Lebens mit Arschlöchern. Ein Lehrbuch mit Zeichnungen von Thomas di Paolo.

GEORG CHRISTOPH LICHTENBERG. Die Aphorismen-Bücher. Vollständige Ausgabe in einem Band, herausgegeben von Albert Leitzmann.

LUDGER LÜTKEHAUS. NICHTS. Abschied vom Sein. Ende der Angst. Ein Lebenswerk.

LUDGER LÜTKEHAUS. Das nie erreichte Ende der Welt. Erzählungen von den ersten und letzten Dingen.

XAVIER DE MAISTRE. Reise um mein Zimmer & Nächtliche Expedition um mein Zimmer. Ein kleiner Klassiker. Deutsch von Caroline Vollmann. Mit Reise-Bildern von Andy Wildi.

AXEL MARQUARDT. Was bisher geschah. Alle Mach-, Lach- & Meisterwerke in einem Band.

MONTY PYTHON. Sämtliche Worte. Die vollständigen Drehbücher der legendären 45 Fernseh-Folgen mit vielen Fotos.

CHRISTIAN MORGENSTERN. Die Galgenlieder. Vollständige Ausgabe. Mit drei Briefen des Dichters. Herausgegeben von Gerd Haffmans.

RAINER MARIA RILKE. Das dichterische Werk. Die Lyrik & Prosa in einem Band, getreu nach der ersten Werkausgabe von 1927. Mit einer Rede von Robert Musil.

JOACHIM RINGELNATZ. Die Gedichte. Vollständige Ausgabe in einem Band, getreu nach den Erstausgaben und Ausgaben letzter Hand, herausgegeben von Fritz & Katinka Eycken mit Jakob Winter.

HARRY ROWOHLT. Pooh's Corner complett. Sämtliche Kolumnen, Rezensionen, Berichte und Filmkritiken in einem Band. Dazu: Der Harry-Rowohlt-Rabe Nr. 64. Herausgegeben von Gerd Haffmans und Heiko Arntz.

PETER RÜHMKORF. Selbst III/88. Aus der Fassung. Dokument der Erstehung eines Gedichts. Mit einer persönlichen Poetik des Dichters als Nachwort.

ARTHUR SCHOPENHAUER. Werke in 5 Bänden. Erstmals nach den Ausgaben letzter Hand herausgegeben und mit einer Einleitung von Ludger Lütkehaus in einem Beibuch.

ARTHUR SCHOPENHAUER. Eristische Dialektik oder Die Kunst, Recht zu behalten. Ein Lehrbuch mit 38 Kunstgriffen. Herausgegeben von Gerd Haffmans.

Das SCHOPENHAUER EinLeseBuch. Ein ABC zur Lebenskunst aus dem Handschriftlichen Nachlaß gezogen von Gerd Haffmans, nebst einem Anhang, der die Kritik der korrupten Vernunft enthält.

JOSEPH von WESTPHALEN. Zur Phänomenologie des arbeitenden Weibes. Porträts berufstätiger Frauen in zwölf Verführungs-Versuchen.

OSCAR WILDE. Werke in 5 Bänden. Vollständig neu übersetzt von Bernd Eilert, Georg Deggerich, Susanne Luber, Petra-Susanne Räbel, Eike Schönfeld und Hans Wolf. »Neue Zürcher Ausgabe«.

OSCAR WILDE – EIN LEBEN IN SCHÖNHEIT. Eine literarische Revue über Leben und Werk des Dichters, Denkers & Dandys zu seinem 150. Geburtstag. CD von und mit Harry Rowohlt, Monika Schärer, Christian Glockzin und Gerd Haffmans.

WÖRTERBUCH Schweizerdeutsch – Deutsch. Anleitung zur Überwindung von Kommunikationspannen. Vorwort vom Zürcher Stadtpräsidenten Josef Estermann, Nachwort von Fritz Senn.

DER RABE – Magazin für jede Art von Literatur. Der Rabe 65: Der vereinigte Europa-, Zukunfts- & Jubiläums-Rabe. Begründet und herausgegeben von Gerd Haffmans.

DER RABEN-KALENDER. Für jeden Tag im Jahr 2014. Herausgegeben von Tini Haffmans. Der Kalender hier macht täglich, ja Tag für Tag den Tag erträglich. Und das Jahr für Jahr.